落語は素晴らしい

噺家10年、根多《ネタ》が教えてくれた人生の教え

月亭方正

はじめに

二〇〇八年五月、月亭八方師匠から「月亭方正」という高座名をいただきました。
今年でちょうど一〇年。自分なりに一生懸命走ってきました。
そして、改めて落語に向き合い、思うことは……。
落語は素晴らしい！
やっぱり、そう思うのです。
そういうストレートな思いを、本書のタイトルにさせていただきました。

この一〇年、疾風怒濤《しっぷうどとう》の毎日でした。教え導いてくださった師匠たち、支え続けてくれた嫁や子どもたち、スタッフの方々には、いくら感謝しても感謝しきれません。いろいろな噺家《はなしか》さんたち、さまざまな根多《ネタ》と出逢い、演者としても、全国津々浦々、ときには海外での落語会も経験させていただきました。ありがたいことに、「初めて、落語を聴きました」「落語って面白いんですね」「落語にハマりました」という感想もいただくようになりました。

一方、落語を聴いたことのない方々から、次のような話も聞きます。「落語って、むずかしいんですよね」「落語会にはどんな服を着ていけばいいんですか?」「落語会に行くには、どんな準備、どんな勉強が必要ですか?」……。すごく構えてしまう方もいらっしゃるんです。ただ、そういう気持ちもわかります。僕自身も一〇年前までは、落語は古典芸能、伝統芸能なので、敷居の高いものだと考えていたからです。

古典と聞くと、高校の国語の授業を思い出し、むずかしいと思うのかもしれません。でも、古典落語には古文のように、係り結びやら動詞や助動詞の活用とか、ややこしいことは何もありません。いまは使われていない言葉も、ほとんど登場しません。

古典落語は江戸時代から明治時代、いまから百年以上も前に生まれた演目のことなんですが、時代に左右されない普遍的なおもしろさ、人情の機微《きび》が描かれています。だからこそ、いまも生き続け、愛され続けているんです。

落語の魅力は、どんなところにあるのでしょうか。

みなさんは、こんな経験をされたことはないですか?

お気に入りの漫画がアニメ化されたとき、「原作と声が違う」と感じたこと。漫画は絵と文字だけなので音はありません。

でも、読んでいるうちに、声が聞こえてくる。想像力が刺激されて、僕たちのなかで声が生み出されているんです。落語にも、似たようなところがあります。

「落語は究極の一人芝居」と言われます。しかし、芝居にあるべきものが、何もありません。大道具などの舞台装置、役柄に合わせた衣装、メイク、場面に合わせた照明、音響、音楽……小道具も扇子と手拭いくらいです。落語家は高座に座って、口にする言葉と所作だけで、さまざまなことを表現しています。つまり、聴いてくださる方々の想像力を刺激することで、初めて成立する演芸なんです。

「落語は何もないから、何でもある」

落語は何もないけれど、演者の言葉、所作によって、お客さんのイマジネーションを刺激することで、何でもあることにできるんです。

もちろん、イマジネーションは人それぞれです。同じ漫画を読んでいても、〝聞こえてくる音〟は違うように、受けとめ方、楽しみ方は十人十色でしょう。だからこそ、表現の幅は無限に広い――そこにこそ、落語の最大の魅力があると思うんです。


落語には演目ごとに、作者、演者が伝えたいことが込められています。

本書では、そのことを僕なりに解釈してみました。まだまだ一人前になるための修行中の身ゆえ、浅薄なところは多いかと思います。

ただ、落語にかける情熱は、誰にも負けない覚悟はあります――読者の方々に本書を楽しんでいただければ、落語を生で見に行きたいなと思っていただければ、僕にとって、無上の喜び、励みになります。

月亭方正

『落語は素晴らしい』◎もくじ

第二章　前向きになれる

第三章　生き方のコツが身につく

第四章　他人に優しくなれる

天満天神 繁昌亭

二月
二十
昼席 開場十二時三十分 開演十三時
夜席 開場十八時 開演十九時
繁昌亭

月亭 方正

天満天神繁昌亭

天満天神 繁昌亭

樂

第一章 人生を豊かにする

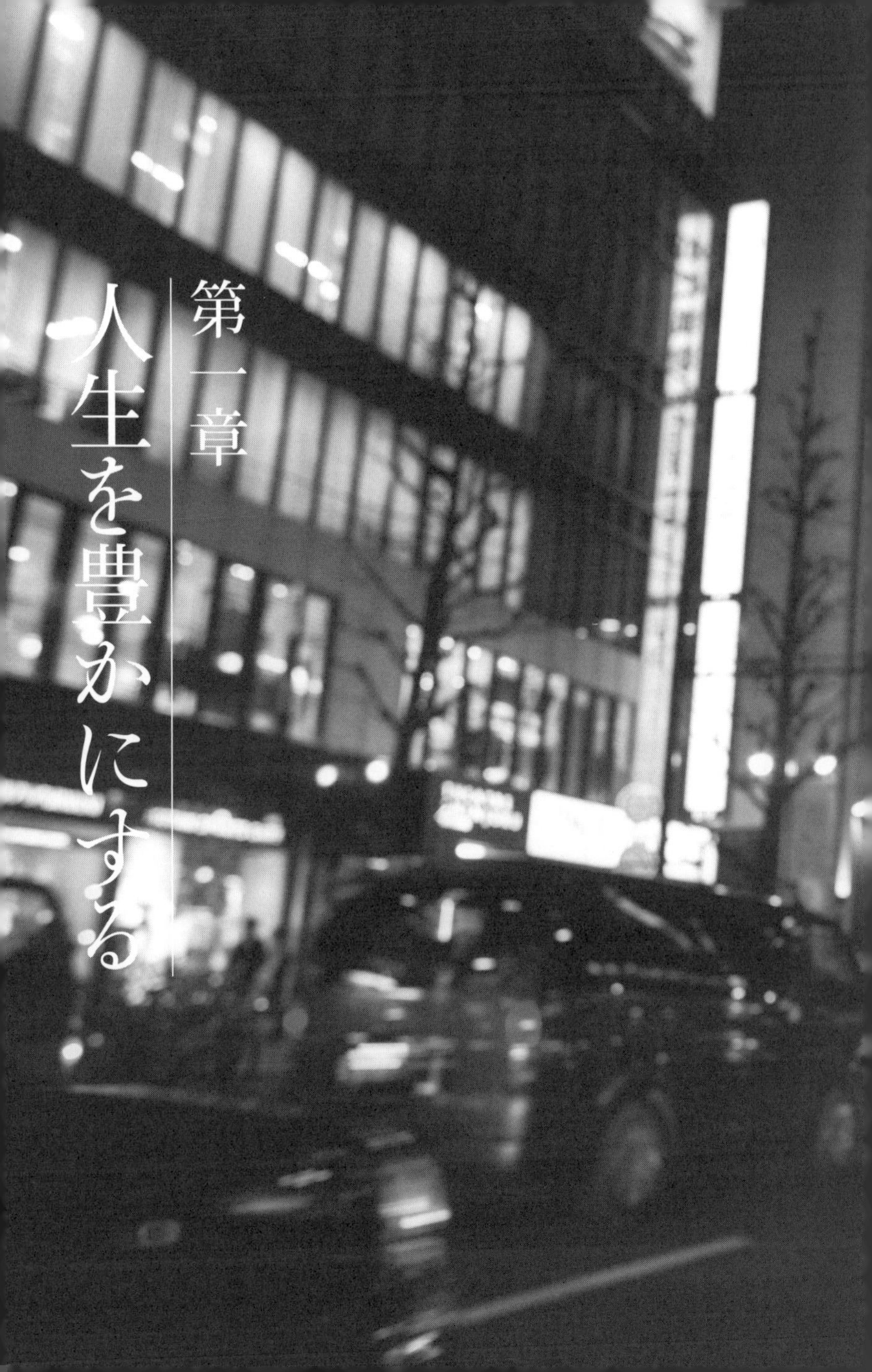

一、人生を豊かなものにするために

本当に好きなことを見つける

好きなことを、毎日できることは幸せです

心の着ぐるみを着ていたテレビ時代

落語に出逢って、月亭方正という名前をいただいてから、たくさんの幸せが僕の人生に訪れてきました。

今年で落語に出逢って丸一〇年。年齢も五〇歳になって思うことは、人生は「本当に好きなことを見つける」ということがとても大事なんだなということです。僕の場合、落語

という好きなことが見つかって、人生に潤いや生き甲斐が与えられました。

本当に好きなことは、遊びでも、仕事でも、好きなことなら何でもいいと思います。ただし、他人を傷つけたり、自虐的、退廃的なものはダメですけれどね。スポーツでもいい、映画でも音楽でもなんでもいい。とにかく自分の魂が喜ぶことならいいんです。ただ、人間は働いて、お金を稼いで生きていかなければならないので、やっぱり一番いいのは仕事で好きなことを見つけることなんでしょうね。

僕は芸人になりたくて、ＮＳＣ（吉本総合芸能学院）に通って、吉本興業に入りました。ありがたいことに、二〇歳で芸人としてデビューすることができて、すぐにテレビにも出演させていただきました。

周りの方には感謝の想いしかありません。ただ、テレビに出演する僕の役割はリアクション芸やスベり芸を求められる、いわゆる、アホというようなポジションでした。それは、僕が昔から憧れていた芸人像とはほど遠い姿でした。

収録が終わるたびに自分の不甲斐なさに落ち込んでいました。そうです、不甲斐ないんです。そんな〝スベり芸〟で笑いを取るのは嫌やと本気で思っていたのなら、他の先輩方のようにしっかりネタを考え、シミュレーションを何度もして、現場で笑われるのではなく笑いを取ればよかったんです。だけど、当時の僕にはそれができていなかった。すべては実力がなかった自分のせいです。

それでも先輩方は何とか飯が食えるようにしてやろうと、テレビに出演できるキャラクターを与えてくれたんです。それがいわゆる〝よごれ芸〟というものでした。それは、ある意味、ネガティブなキャラクター。気持ちとしては嫌だったんですが、そうするしか他に方法がなかったというのも事実です。

当時は、そういうキャラクターを受け入れることが、なかなかできませんでした。小さな頃から、周りの人間に「お前はおもしろい」と言われて、この世界に夢を持って入ってきたわけですからね。たくさんの人を笑わせたい、たくさんの人におもしろい芸人だと思っていただきたい。理想と現実の違いに苦しみました。

もうこの世界やめようかな。おもしろくないと馬鹿にされて、笑われて、こんな辛いこと続けてても……と、本気で考えたこともありました。

そういう迷いが半年くらい続いて、僕が考えたことは、「このままこの世界をやめたら本当の負け犬になってしまう。『あいつ、おもしろくなかったからやめたんや』。それで、終わってしまう……それなら、いまのキャラクターを嫌がるんじゃなくて受け入れよう。

すべてを受け入れて頑張ろう。ただ、精神的に苦しむだろうから、そのぶん、代価としてお金を稼ごう」ということでした。こんなふうに、一八〇度考え方を変えたんです。

そのおかげか、以前のように、収録が終わって、枕を濡らすようなことがなくなりました。自分のなかに耐性ができたんだと思います。

受け入れてみると、スムーズに現場が回るようになり、仕事もどんどん増えていきました。収入も何倍にも増えていきました。ただ、その時点から、僕がなりたい芸人という理想には蓋《ふた》をしてしまいました。番組に出演するとき、みんなが期待しているような着ぐるみを心に着るようになったんです。

「水の低きに就《つ》く如《ごと》し」「水は低きに流れ、人は易《やす》きに流れる」のとおり、嫌なことを我慢してやるのが普通になって、本当にやりたいことを、自分の中に閉じ込めるようになっていました。

そこから、ある勘違いが始まります。

どういうことかというと、自分は嫌なことをやってるから、たくさんのお金がもらえるんだと、思い込むようになったのです。

「自分に嘘をつかない」を信条にしている理由

そうすると、だんだん勘違いというか、ごまかしの気持ちも強くなってくる。やりたいことを自分の中に閉じ込めて我慢しているからこそ、お金をたくさん稼げるのだ。これだけ我慢してるんだから、対価としてお金をたくさんもらえているんだ。芸人という仕事はもちろん好きですし、お金も稼げる。そう考えると、どんなにしんどくても我慢できる。心では泣いているんですが、我慢する対価として、その涙を拭《ぬぐ》える「お金」というハンカチをもらえるのだ、と。

でも、そのハンカチはどんなものだったかというと……飲みに行ったり、女のコたちと遊んだり、ギャンブルをしたりと、刹那的、退廃的なことばかりでした。「あぁ、これだけ俺はお金を使えるんや。でも、俺、いつも苦しんでるもんな。頑張って、我慢してるもんな。こんなお金の使い方してもええよな」――そのような思考回路ができあがってしまっていました。そして、だましだまし精神的な着ぐるみを着て仕事をこなしていた。負のスパイラルというか、悪循環な生活をしていたんです。

ただ、どこかでけじめをつけなければいけない、とも思っていました。四〇歳になる前に、どうにかせなあかんと考えました。そうです、不惑《ふわく》が来たんです。人生惑わずにいくにはどうすればいいのか？

そして、「落語」に出逢わせていただきました。

いまは本当に、毎日が楽しいです。好きな落語を仕事にして、評価もしていただき、お金も稼げているんですからね。四〇歳までの苦しみを思うと、夢のようです。

いま、僕は昔に比べて、全然、お金を使っていないんです。やりたい仕事をして、毎日が満たされているから、わざわざお金で自分を癒して、帳尻合わせをするようなことは必要ないからです。仕事で報われているから私生活も楽しい。無理に報われようとしなくてもよくなったんです。まあ、そのぶん、嫁がお金を使っていますが……。嫁にはこれまでお世話になってきたので好きに使ってもらおうとは思っています。

これからの人生も、楽しみばかりです。

孔子の『論語』には、年代順に生きていく指針が記されています。

二〇歳は「弱冠《じゃっかん》」。冠を持ったと思い込み、調子に乗る。

三〇歳は「而立《じりつ》」。自分の足で立てるかな、となる。

四〇歳は「不惑」。惑わず生きていけるようになる。
五〇歳は「知命《ちめい》」。お前はこれをやりなさいと天から与えられたものを知る。
六〇歳は「耳順《じじゅん》」。他人の声をよく聞けるようになる。
七〇歳は「従心《じゅうしん》」。行動が道徳の規範から外れることがなくなる。
僕は四〇歳で落語と出逢うことで、「不惑」に近づけたのでないかと思っています。
そして、この頃、「知命」ということも考えるようになってきました。
そして、『論語』は古典落語『笠碁《かさご》』につながるものがあるんです。

【方正のあらすじ紹介】

『笠碁』（かさご）

囲碁が好きな二人。毎日のべつ、あれやこれや言い合って、碁を打っています。
ある日のこと。いつもは、お互い「待った」「待った」の言い合いの繰り返し。
そんなことでは、いつまでも囲碁の腕が上達しないからと、一切「待ったなし」で

やってみようと取り決めました。

そして、そのとおり、二人は「待ったなし」の約束で、碁を打ち始めました。でも、しばらくして、形勢の悪くなったほうの男が……。

「ちょっと待ってくれ」

「約束が違う。待てへん」

結局、お互い「待て」、「待てない」と強情を張り合います。一方の男は、一昨年の暮れに金を貸したのを恩に着せて、返す日を延ばしてくれと頼まれたとき、「待った」をしたではないかと、囲碁には関係ない話まで持ち出してきました。これに他方も怒りを剝き出しに……。

「帰れ！」

「二度と来るかい！」

罵《ののし》り合いになり、喧嘩別れとなりました。

ところが、「碁敵《ごがたき》は憎さも憎し懐かしし」という川柳がありますとおり、やがて、お互いに喧嘩別れした相手と碁が打ちたくてたまらなくなってきました。二人とも、長雨が続き、退屈な毎日に飽き飽きとしてきたのです。

数日後の雨が降る午後。片方の男は女房に碁盤を用意させて、碁敵《ごがたき》の来訪を心待ちにして、外をそわそわと見ています。

もう一方の男もどうにも我慢ができなくなり、古笠をかぶって、碁敵の家に向かいました。

ところが、碁敵を待つ男は古笠をかぶった男が家の前を通りかかるのを見ても、照れくさく、声をかけることができません。

古笠をかぶった男も碁敵の家を訪れることができず、何度も家の前を行ったり来たりしています。

そのうちに、碁敵を待つ男は嫁に碁盤を持ってこさせて、誘い水のようにパチン、パチンと音を立てて、碁石を置き始めます。

古笠をかぶった男は碁石を置く音が気になって、家に近づいてきますが、また通り越してしまいます。

もどかしい二人ですが、また、碁を打ち始めることができるのでしょうか？

【方正の落語解読】

『笠碁』のここが素晴らしい！

自分たちが本当に好きなものを通じて交わされた友情

『笠碁』は、もともと上方落語でしたが、江戸落語にも移植されています。

いま、僕はこの根多を覚えているところでして、近いうちに高座でみなさんに披露したいと考えています。

この『笠碁』は男と男の関係、男の友情を描いた人情噺《ばなし》です。この噺の稽古をしていて、いつも、二人の碁敵の関係に羨ましさを覚えるんです。そういう気持ちをどう落語で表現したらいいのか、まだかたまっていないんですが、どうにか聴いていただける方に伝わるようにしていきたいと思っています。

『笠碁』の二人は六〇歳くらいの設定。当時の六〇歳といえば、とうに隠居していて、いまでは七〇歳、八〇歳くらいの感覚でしょう。つまり、老人の男同士の友情の噺なんですが、二人のやりとりは互いを罵り合いながらも、本心からは憎み合っていない。

本当のところ、互いが互いを求め合っていて、「こいつやないと、あかんねや」という気持ちが滲《にじ》み出ている。人生の経験を積んだ二人が、自分たちが本当に好きな囲碁を通じて、やっとめぐりあった敵というか、友達です。この人情噺は、そういう人間臭さというか、生きていくうえで大事なことを、僕らに教えてくれると思うんです。

それに、『論語』の「弱冠」、「而立」、「不惑」、「知命」、「耳順」、「従心」よろしく、人間は年代によって、必要とする人も変わっていくんだと思います。

幼い頃は親を必要とする。成長して家族以外の世界も知るようになると友達や先生が必要になる。やがて、生涯のパートナーの異性を求めるようになり、自分が親になると子どもが必要になる。そういうことだと思うんです。

人間は生きていくうえで、パートナーが絶対、必要だと思います。そして、年齢を重ねれば重ねるほど、同性で価値観の近い、心からわかり合える友達が欲しくなる。僕も五〇歳になって、正直、そういう気持ちが強くなってきています。ですから、この『笠碁』に共感できる。この落語を聴いたり、稽古をしたりすると、人生で本当に大事なこととは何なのかと、改めて考えさせられるんです。

『笠碁』を演るために必要なこととは？

もっと言えば、人間は歳を重ねるごとに、孤独を強く感じるようになる。それは、一休和尚の狂歌「門松は　冥途《めいど》の旅の一里塚　めでたくもあり　めでたくもなし」のとおり、歳をとるごとに絶対的な孤独である「死」に近づいていくからだと思います。その究極の孤独のために、準備をしていかなければならない。

どんな準備をするのかというと……人生で歳を重ねるごとに身についてしまった贅肉《ぜいにく》を削ぎ落としていくことだと思います。つまり、自分の人生経験のなかで、よぶんなものを省《はぶ》いていく。

わかりやすく言うなら、たとえば、ホームパーティーをしたとします。仲のいい友人たちが集まってきて、盛り上がり、すごく楽しい。でも、終宴の時間が来て、急にみんなが家路を急ぎ、一人ぽつんと残ると、すごく寂しい。死の準備をするということはその寂しさを受け入れるようにするということだと思います。

人間誰しも寂しいのは嫌ですよね。寂しさを和らげてくれるのは本当に仲のいいパートナーです。数が多ければいいってもんじゃないです。本当に信頼できて心から愛しているパートナー。パーティーでみんなが帰っても、そんな友人が一人残ってくれたら全然、寂しくないはずです。人生も同じように、死という終宴の時間が来るまで、一人でもいいから本当に仲のいい友人、パートナーを持つことが大事だと思います。そのことを、端的に『笠碁』は教えてくれている気がします。

『笠碁』を聴いて、身も心もふるえたことがあります。数年前、天満天神繁昌亭《てんまてんじんはんじょうてい》での桂ざこば師匠の高座。師匠は碁敵の二人の老人が乗り移ったかのような、神がかりの一席を演じていました。噺に出てくる二人の老人が僕の目にくっきりと見えてきたんです。魂を撃《う》たれ、滂沱《ぼうだ》の涙があふれました。本当に、二人の老人が僕の目に見えてきたんです。

いま、『笠碁』を一生懸命、稽古しています。

七〇歳、「従心」のざこば師匠にはとても敵《かな》いませんが、噺家になって一〇年。「知命」の僕が、僕なりに演《や》れる限りの『笠碁』を演りたいと思っています。

少しでも、師匠の『笠碁』に近づけることができたら、と。そして、「耳順」「従心」になる頃、師匠のように、聴く人に奇蹟を起こせるようになることを、夢見ながら……。

二、心豊かに生きるために

知ることからすべてが始まる

座右の銘は「無知の知」なんです

知らないことを自覚することで人間は成長できる

「無知の知」――これは古代ギリシャの哲学者、ソクラテスの言葉。ものすごい昔の人だけど、こんなにも現代人の僕の心に刺さるということは、結局、人間自体の能力は変わらないから、現代人だろうが昔の人だろうが考えることは一緒なんだということですね。「無知の知」、常に肝に銘じているんです。

この言葉は、「本当の知に至る道は、まず無知を自覚することから始まる」という意味です。柔らかく言えば、自分はバカだと思うことがものを考える基本になるということです。無知やバカというのは、頭が悪いということではなくて、知らないことがあることを認めることです。

ソクラテスは「自分には知らないことがある」と自覚することで、人間は成長できると考えました。

そして、「自分の知らないことを他の人は知っている」と考えることで、他人への謙虚な気持ちや感謝の気持ちが育まれると主張したんです。うん、素晴らしい考え方ですね。

しかも、ソクラテスのすごいところは、「無知の知」をアテネ市民に辻問答で伝えていたのですが、それが青少年を堕落させる宗教犯罪であるという告発を受け、当時の法律に則って、死刑判決を受けた。なのに、悪法も法律だから従うと、判決を受け容れ、死刑になったことです。ソクラテスには著作はありませんが、弟子のプラトンが『ソクラテスの弁明』という本を残していて、その経緯がわかります。

知っていると思い込むことの怖さ

やっぱり何ごとも知っているのと、知らないのとでは、全然、違いますよね。日常生活でのできごとや、すべてのものに対する見方もまったく異なってくる。

その瞬間、瞬間がものごとを知ることで楽しくなったりします。知るということは人生を豊かにすることのように思えます。

たとえば、誰かとレストランで食事をしているとします。一緒に行った誰かと会話をしながら楽んでいる。

熱中して、相手の話を聞く。自分が話す。盛り上がる。もちろんそれ自体も楽しいのですが、そのときに、店内に聞き覚えのある音楽が流れているとどんどん気分が高揚《こうよう》してくる。クラシックでもポップスでも何でもいいんです。その曲を知っている人は気分が上がっていく。知らない人には何も起こらない。そういう日常の一つ一つが知ることによって変わってくるのだと思います。

この前も家族でレストランへ行ったら、店内に「くるみ割り人形」がＢＧＭで流れていて、嫁が僕を見て、ふと笑って、こう言いました。

「パパ。身体が動いてるよ」

知らず知らず、身体を揺らしていたんです。店内に流れる「くるみ割り人形」を聴いて楽しい気分になって、心の中でハミングして、音楽にノッてたんです。あのメロディを聴くだけで、気分が高揚していた。あのメロディを知らなかったら、そんなことはなかったと思います。でも、「くるみ割り人形」のメロディを知っていたから、自然と身体を動かしていた。気分が良くなり楽しくなっていた。

これだけで知らない人よりも得しているような気がします。ただ、この時点で僕は「くるみ割り人形」のことはメロディしか知らなかったんです。作曲したのはチャイコフスキーということは知っていたけど、この作品が生まれた背景、物語はまったく知らなかった。それはそれでもいいのかもしれないんですが、「無知の知」を自覚すると「くるみ割り人形」のことを、もっと知りたくなる。いまは便利な時代になっていて、スマホである程度、調べられますからね。

それで、この曲はチャイコフスキーの三大バレエ曲のひとつなのかと知る。その後、「くるみ割り人形」の物語を知る。バレエを観る。バレエというのは音楽と踊りで物語を表現するのかと知る。チャイコフスキーの人となりを、調べたり、本を読んだりして知る。

すると、レストランで身体を動かしたり、ハミングしたのとは、ちょっとまた違った感じで「くるみ割り人形」を聴くことができる。知ることによって、また違うものの捉え方や考え方が生まれる。知るということは、人生を楽しく豊かなものにするために絶対必要です。

「くるみ割り人形」を演奏する音楽家の方々も、「くるみ割り人形」で踊るバレリーナ、バレリーノも、僕のように初めはメロディだけで心動かされたところがあったのかもしれませんが、決してそれだけではないはずです。「くるみ割り人形」という作品の背景というか、まず、世界観を知らないことを自覚して、調べたり、考えたり、いろいろしながら表現している。「無知の知」を基本にして、表現しているんだと思うんです。

「無知の知」で心豊かに生きることができる

たとえば、あるアーティストのライブに行ったとします。そのアーティストが自分の知っている曲を歌ってくれるとすごく楽しい気持ちになりますよね。やっぱり知っている歌は、わかりやすく感動できます。

一方、いきなり新曲を聴かされたら、どうでしょうか？　それはそれで、ものすごく感動することもあるでしょうが、違和感を覚えることもあるかもしれません。でも、そのアーティストの知らない部分を発見できることもあるでしょう。

音楽以外だったら、旅行で姫路城やエジプトのピラミッド、オーストラリアのグレートバリアリーフ……さまざまな名所を観光で訪れたとき、それが〝世界遺産〟ということだけで、満足できたりします。

でも、そこで、なぜ世界遺産に指定されたのかを、考えたほうがいいと思うんです。どうしてこの建物はここに建てられたのか？　誰が建てたのか？　どうやって建てられたのか？　なんのために建てられたのか？　さまざまなことを知ることで、いろいろな角度から楽しめるようになるはずです。

世界遺産というだけでよく知らないのに、すごい綺麗やな、すごい建物やな、と感動してしまう。それはそれで、悪いとは言いませんが、「無知の知」のスタンスのほうが、はるかに豊かな楽しみ方ができると思うんです。

逆に、自分自身、そういうところがあったので、あんまり声高には言いたくないんですが、知ったかぶりは生き方を貧しくしてしまうと思うんです。

『ソクラテスの弁明』を読んで、「無知の知」の深い意味を知ったとき、僕は『手水廻し』

という落語の演目に通じるものを感じました。

『手水廻し』のストーリーを、以下に手短に記しましょう。

【方正のあらすじ紹介】
『手水廻し』（ちょうずまわし）

昔は、人の行き来が盛んではなかったので、藩が違えば、言葉も違うというほど違ったそうで、同じ日本国内でもわからない言葉がたくさんありました。

ある大阪の商人が丹波の田舎の宿屋へ泊まって、翌朝、辺りの景色を眺めながら、庭先で手水を使おうと女中を呼びまして、こう伝えました。

「ここへ、ちょうずを廻してくれ」

「はい。すぐにお廻しいたします」

女中のおなべどんは答えたものの、「ちょうず」の意味がわかりません。

おなべどんが宿の旦那に意味を尋ねたところ、板場の料理人の喜助に聞いてみてくれ、と。そこで、喜助に聞いてみると、わからないとのこと。

喜助は宿の旦那に聞いてみたんですが、案の定、旦那もわからない。でも、大阪からのお客さんに、田舎の宿屋だから何にもわからないと思われるのも恥ずかしい。

そこで、喜助が思いついたのが、村はずれにある、ずく念寺の住職。物知りの住職に聞いたら、教えてくれるだろうと喜助がお寺へ向かいました。寺に着き、早速、「ちょうずを廻す」の意味を尋ねると……。

ちょうずの「ちょう」は「長」、「ず」は「頭」。つまり、「ちょうずを廻す」とは、「長い頭を廻す」ことと教えられました。

宿に戻り、喜助は旦那と相談。この村で一番頭が長い市兵衛を連れてくることにしました。一方、「すぐにお廻しする」と言われたのに、「ちょうず」がなかなかこないので大阪のお客さんはお待ちかねでしたが、ようやく喜助が市兵衛を連れてきました。

「この者がちょうずを廻します」

「誰でもええさかい、頼みます」

市兵衛はおもむろに、頭をグルグルと廻し始めます。

それを見て、大阪のお客さんは驚き呆れ、カンカンに怒って、すぐに宿を後にして、大阪へ帰ったのです。

宿の旦那はこのできごとをとても恥ずかしく思い、大阪の宿屋に泊まって「ちょうずを廻してくれ」と言ったら、どんなものが出てくるのか試してみようと思いました。そこで、旦那は喜助を連れて大阪へ向かい、道頓堀あたりの大きい宿屋に泊まりました。

翌朝。女中さんに「ちょうずを廻してくれ」と頼んでみたところ……。

運ばれてきたのは、なみなみいっぱいお湯が入った、大きな銅の金だらいと塩、歯磨き粉、房楊枝。これが「ちょうず」かと合点した旦那と喜助。旦那はちょうずが何のためのものかわかりませんでしたが、料理人の喜助は食べるもの、飲むものではないか、と。塩と歯磨き粉は薬味、房楊枝がかき回す道具というわけです。金だらいに塩と歯磨き粉を放り込み、房楊枝でかき混ぜる。

註　柳や竹の端をくだいて房のようにした、歯磨き用の楊枝

旦那が味見してみましたが……。

ひと口飲んでみたものの、辛くて飲める味ではありません。

大阪の人間は毎朝、こんなものを飲んでいるのかと不思議に思っていました。

この後、二人はどういうふうに、この手水を処理するのやら……。

【方正の落語解読】
『手水廻し』のここが素晴らしい！

純粋さに心打たれる根多

『手水廻し』は上方古典落語の有名な根多です。手水は普通、神社や寺院で、参拝前に手を清める水のことですが、大阪では朝、顔を洗うことを「手水を使う」と言っていました。読んで字のごとく手で水を使います。

「手水を廻す」とは、手水道具（洗面用具）一式を持ってきてくれという意味になりますが、大阪から少し離れた場所では通じません。大阪だけの言葉です。

なので、江戸落語には導入されていなくて、上方落語ならではの作品になっています。

ちなみに、江戸落語には『手水廻し』と似た噺で『**転失気**』[註]があり、これも無知を題材にしています。

手水廻しという噺は笑いどころが多く、いわゆる爆笑根多なんですが、僕がとてもおもしろいと思う大きなポイントは、『手水廻し』の根底に流れている人間の純粋さです。

登場人物の田舎旅館の旦那、喜助、おなべ、頭の長い市兵衛は、言われたことを何の疑いもせず、ただ信じていきます。

そういう純粋さ、純真な心が根底に流れていて、僕はそれがかわいく、愛おしく思えるんです。つまるところ、『手水廻し』は「陽」の落語だと思います。そして、「陽」という空気をつくっているのは、登場人物たちの純粋さです。

この落語が言いたいことは、「純粋ってやっぱりおもしろいよね」ということだと思い

註

てんしき。お腹の具合の悪いある寺の和尚。往診をしてくれた町医者から「『てんしき』がありましたかな?」と聞かれるが、「てんしき」が何なのかわからなかった。プライドが高い和尚は知ったかぶりをして、その場を取りつくろって……。医学用語の意味がわからないのに、知ったかぶりをする人たちを描いた噺。ちなみに、「転失気」とは放屁（おなら）のこと

ます。人間の純粋さのおかしさを突き詰めて描いていると思うんです。

アンデルセンの『裸の王様』を思い出してください。

「馬鹿には見えない」という布地でつくった衣装をまとった王様を、国民たちは褒めそやします。国民たちは本当は王様の衣装が見えないのですが、馬鹿だと思われたくないために、見えたふりをしていた……そんななか、少年が「王様は裸だ！」と叫びます。純粋さゆえの行動でしょう。

純粋さは馬鹿やアホということではありませんが、逆説的に、馬鹿やアホになることで、真実が追求できるとも言えます。

この噺のクライマックス。大阪の大きな宿屋で「手水」を知らない旦那と喜助は、歯磨き粉と塩を溶かしたお湯を「手水」という飲みものだと思い込んで、飲み干そうとします。ただの辛〜いお湯ですから、普通は「うわっ！　マズい！　これは飲めたものではない。こんなもんいらんわ」と飲むのをやめるでしょう。

でも、旦那と喜助は飲み続けます。「手水」を知ろうという探究心、純粋な使命感に従って、一生懸命、飲み続けます。知らないことを知っているために、飲み続けたのです。ここが「無知の知」につながる、おもしろいところだと思うんです。

僕は『手水廻し』の登場人物たちの「純粋さ」に心を打たれます。その思いを、落語を聴いてくれているお客さんたちに届けたいと考えています。もちろん、心のひだや琴線《きんせん》は人それぞれですが、どこか心に引っ掛かってくれないだろうか、と。

『手水廻し』を演るときのポイント

この噺に出てくる旦那や喜助は田舎の宿屋で働く人たちです。

みなさん、田舎というと、どのようなイメージがありますか?

素朴、純粋、温もり、のんびりしている、人情味豊か……こういうキーワードが多くの方の胸に浮かぶと思います。

たとえば、この演目の登場人物が田舎の宿屋の人たちでなく、江戸など都会の人たちだったら、話の筋自体も、筋から受けるイメージも、まったく変わってくると思います。大阪に来て、手水の意味がわからない場面の意味が、都会の人たちと田舎の人たちとでは、変わってくるからです。

ここが大事なポイント。

「純粋な田舎の人」というイメージが、この根多のおもしろさに深みを与えていると思うからです。話が少し逸《そ》れますが、テレビで大阪人をテーマに扱うとき、すごく奇を衒《てら》った感じにすることが多いと感じるんです。

正直なところ、僕はある種の情報操作を感じていて、好きではありません。必ずしも嘘ではないんですが、必要以上に盛っているし、デフォルメしているところが大きい。

大阪のおっちゃん、おばちゃんって何かヘンだよね、大阪って何かヘンだよね、という視聴者の先入観に媚《こ》びて、過剰な表現をしているように感じるからです。僕は東京で二五年近く暮らしてから、また大阪に戻ってきましたが、テレビで見る何かヘンな大阪のおっちゃん、おばちゃんは、東京にも、普通にいたりしますからね。

田舎についても、テレビでネガティブなデフォルメを時折、見かけますが、この根多を演るときは、そういうことがないようにしようと、とくに心がけています。

兵庫県の真んなかに位置する丹波の美しい風景を思い浮かべたり、土地の匂いを想像して感じたり……そういうことで、僕の思いが聴いてくださっている方々に、伝わるようにしたいからです。

もうひとつ、この噺を演っていると、感じることがあります。

それは、自分も田舎の宿屋に泊まりに行っている感覚になることです。『手水廻し』の落語世界に入っていって、旦那や喜助と一緒に自分もいろいろな体験をしているような気持ちになってくる。

落語の話の筋はいろんなパターンがあるんですが、『手水廻し』では登場人物たちと一体化できる感じになるんです。

そういう意味では、演っていて、楽しい落語ですが、それだけに、僕のテンションも重要になってきます。

以前は、心が曇りや雨もようのときは、この根多を演ることが、しんどかった。

逆に、心が晴れ晴れしているときは、楽しくってしょうがなくなっていました。

いまは板に付いてきたのか、どんなときでも、演っているうちにテンションが上がってきて、心も晴れてきます。

また、遊びの要素もたくさん入れることができる演目ですから、心から楽しんで演れるようになってきました。この落語を聴いてくださるみなさんに、田舎の旅館に一緒に泊まっている感覚になっていただけたら、とても嬉しいです。

三、心のバランスを取るために

きちんと現実を見つめる

一歩一歩できることをやっていく

『武士道』は素晴らしいけれど……

繰り返し、読んでいるんですが、いまひとつ、内容が身になっていないと感じている本があります。新渡戸《にとべ》稲造《いなぞう》の『武士道』。勉強になることがいろいろ書かれていて、素晴らしい本だなあと思うんですが、なぜか心に入ってこない。ああ、情けない。なぜ、きちんと読み通せないのかというと……まず、僕が『武士道』を読もうとしたきっかけから説明していきましょう。

著者の新渡戸稲造は明治時代の思想家、教育者。「少年よ大志を抱け」で有名なウィリアム・クラーク博士の札幌農学校に通い、キリスト教の信者になります。アメリカやドイツへ留学経験もあり、奥さんはアメリカ人でした。

新渡戸はアメリカの教育関係者から「宗教のない国でどうして道徳教育ができるのか?」「日本は宗教教育がないのに道徳観念を持っているのはなぜなのか?」と問われ、瞬時に答えられなかったことから、ある一つの考えに至ります。「日本には武士道の精神があるからだ」と。そして「武士道」こそ、日本人の精神、道徳観念である、と。

そして、これを『武士道』という書籍にして、英文で著《あらわ》したのです。

海外では精神的な規範や道徳は、キリスト教や仏教、イスラム教などの宗教がもとになっています。しかし、日本では仏教や神道、儒教が混然と信じられていて、明治に入ると、廃仏毀釈などによって、国家神道が政策として広められようとしていました。そして、国民道徳の基本として「教育勅語」がつくられましたが、宗教色は薄いものです。そこで、新渡戸は仏教、儒教、神道の影響を受けた日本人の精神的な規範、道徳は「武士道」にあるとした。「武士道」には「義」「勇」「仁」「礼」「誠」「名誉」「忠義」という七つの「徳（精神）」があり、それが日本人の道徳観念のもとになっているとしたのです。
このような『武士道』が書かれた経緯を知って、僕は正直、感動しました。そして、これは本当にすごい、確かにそのとおりだと思って、『武士道』を読み始めたんです。

もともと英文で書かれた本ですが、コンビニ本も含めて、読みやすい現代語訳がたくさん出版されています。なるほど、なるほど、と読み進められるんですが、やっぱり「道」とつくものに対して、背を丸めてはいられない。剣道、弓道、空手道、書道、華道、茶道、そして、「武士道」……。僕は五歳から剣道を習っていたんですが、その頃の気持ちが甦ってきます。「道」とついたものに向き合うと、精神的にピリッとなって、自然と背筋も伸びていきます。

でも、さまざまな素晴らしい教えを読み進めていくと、だんだん、心が痛くなってくる。「うわぁ、これ、自分は全然できてないわ。あ、これも全然、あかんなぁ。あっ、でも、これはちょっとはできてるかもなぁ。あぁ、でも、こっちは全然、できてへん。これも、できてへん。これも全然、できてへん」と……。

読み進めていくうちに、だんだん、説教されてる気分になってきて、しんどくなってくる。それで、心が迷走してくる。古きよき日本人はこうだったのか、素晴らしいことが書いてあると、読んでいて、いちいち腑に落ちるんですが、ふと自分のことを考えると、あまりの違いにしんどくなる。修行が全然、足りない僕には厳しい内容なんです。

『武士道』どおりには生きられないけれど……

その点、「落語道」は居心地がいい。僕に合っているんです。

たとえば、健康のためにお酒を飲まないと、決めたとしましょう。「よし！　今日から飲まないぞ、絶対に今日から一週間は飲まないぞ」と。でも、僕なんか、すぐ自分に負けてしまって、ついつい、お酒を飲んでしまうことが多い。そういうときに、『武士道』だったら、「コラっ！　お前‼　酒を飲まないと決めたはずだろう。自分を律することもできないとは情けない。自分に甘すぎるわ！」と自分を叱ることになると思います。

でも「落語道」の場合だと、「まぁ、しゃあないやん。うんうん。しゃあない、しゃあない。ダメやったな。まぁ、そんなときもあるわぁ。明日から頑張ろうか～」という側面もあると僕は思うんです。

落語は市井《しせい》の人たちの生活を描いたものです。また、大阪はもともと商人の町ですから、上方落語には武家噺が少ないんです。もちろん、新渡戸稲造の『武士道』は日本人の生き方を書いたもので、武士のことだけではないんですが、「落語道」があまりストイックになると、窮屈になってしまう。

それに、落語の噺の登場人物はヘタレな人間が多いです。ですから、『武士道』のように生きてしまうと、ヘタレな人間の生き方、考え方がわからなくなってしまうかもしれない、と。言い訳めいて聞こえるかもしれませんが……。

僕の中での「武士道」は「違う！　こうやれ！」ですが、「落語道」は「こうやったほうが幸せなんじゃないの？　どう？」というものなんです。「武士道」が理想、「落語道」は現実なのかもしれません。そして、どっちが良い悪いじゃなくて、いまのところ、僕には「落語道」が向いているということなのでしょう。

ただ、落語に対する姿勢だけは「武士道」でありたいと思っています。自分に負けず、自分をきちんと律したい……それで、『武士道』を読もうとするんですが、また、しんどくなって、挫折してしまう。これの繰り返し。弱い人間でごめんなさい。ヘタレでごめんなさい。自分がイヤになってしまうんですけれど、そういうときに『井戸の茶碗』という演目を聴いたり、演ってみると、心のバランスが取れる。一歩一歩自分のできることをやろう、と。『井戸の茶碗』は、現実と理想がいい塩梅《あんばい》に釣り合いがとれていると思います。

【方正のあらすじ紹介】

『井戸の茶碗』（いどのちゃわん）

屑屋《くずや》の清兵衛は「正直清兵衛」と周りから呼ばれるほどの正直者です。

ある日、清兵衛が「屑ぃ、お払い」「屑ぃ、お払い」と連呼しながら町を流し歩いていると、なりは粗末なものの器量のよい上品な娘に声をかけられます。

娘の住む裏長屋へ向かうと、娘の父で浪人の千代田卜斎《ぼくさい》から、屑の他に仏像を引き取ってもらいたいと頼まれます。千代田はうらぶれてはいましたが、どこか品格があり、武士の風格があります。千代田は昼は素読《そどく》の指南、夜は易者で食うや食わずの生活をしていました。

このところの長雨で商売ができず、少しばかりお金が入り用とのこと。清兵衛は仏像の目利きに自信がなく、相場より安く買い取っては悪いと正直に断りましたが、千代田は誠実な対応をする清兵衛を気に入り、しばし問答の末、清兵衛が仏像を二〇〇文で引き取り、それ以上の金額で売れたら、儲けを折半するというかたちに落ち着きました。

その後、清兵衛は仏像を籠に入れて歩いていましたが、目黒白金《めぐろしろかね》の細川屋敷の長屋下を通りかかると、高窓から外を眺めていた若い武士、高木作左衛門が籠のなかの仏像に気づきます。興味を持った高木は清兵衛に声をかけ、屋敷に招き入れます。仏像を手に入れた経緯を聞き、手に持ってみるとからからと音がしたため、内部にさらに仏像が入っている「腹籠《はらごも》り」だと気に入り、三〇〇文で買い上げました。

清兵衛が去った後、高木が仏像を磨いていたら、台座の下の紙が破れて、五〇両もの小判が出てきました。手下の良造は運がいいと喜びましたが、高木は「自分は仏像を買ったので、五〇両を買ったわけではない。だから、元の持ち主に返すべきだ」と言います。ただ、持ち主の手がかりは清兵衛に頼るしかなく、次の日から高木と良造は長屋下を屑屋が通るたびに、清兵衛かどうかを確かめていました。

屑屋たちの間では、高木と良造の清兵衛探しが評判になります。仇討ちの相手を探しているのではないかと屑屋たちが噂をしていたところ、清兵衛が現れました。

仏像の件を話すと、屑屋仲間に「仏像の首が折れてしまって縁起が悪い。そこで、仏像を売った屑屋の首を討とうとしているのではないか」と言われます。

わけがわからない清兵衛は、細川屋敷の長屋下を通るとき、「屑ぃ、お払い」とは言わずにいました。ところが、ある日、うっかり「屑ぃ、お払い」と……。すかさず、高木は清兵衛に気づきました。怯える清兵衛に高木は五〇両の件を説明。清兵衛は高木の頼みで、五〇両を持って、千代田の家へ向かいました。

しかし、話を聞いた千代田は、気づかなかったのは自分の不徳。自分から手放したので、五〇両はけっして受け取れない、と言います。清兵衛は困ってしまい、何度もお願いしましたが、千代田は怒りだして、無礼討ちにすると言い出したので、清兵衛は高木のもとへ戻ります。

しかし、高木も五〇両を頑として受け取りません。しかたなく、また、清兵衛は千代田の長屋に向かいます。その日はまったく、仕事になりません。見るに見かねた長屋の大家さんが折衷案をひねりだします。千代田に二〇両、高木に二〇両、清兵衛に一〇両でどうか、と。ところが、高木はこの案を受け容れましたが、千代田は頑《かたく》なに断ります。そこで大家さんが千代田から二〇両のものを高木に渡すかたちにすればどうかと提案すると、さすがに千代田も折れて、父の形見の小汚い茶碗を高木に贈ることで決着しました。

これで清兵衛も一安心、千代田も高木も万々歳。となったように見えたのですが、まさかの大どんでん返しが……。

【方正の落語解読】
『井戸の茶碗』のここが素晴らしい！

志の輔師匠版の『井戸の茶碗』は人情噺の新たな名作！

『井戸の茶碗』は滑稽噺として演られることもありますが、もともとは人情噺、武家噺。武士にスポットが当たっていて、まさしく「武士は食わねど高楊枝」の世界をそのまま落語にしたような根多です。登場人物の千代田卜斎、高木作左衛門はまぎれもなく武士ですし、「武士道」を通した生き方をしています。

僕は立川志《たてかわし》の輔《すけ》師匠に『井戸の茶碗』の稽古をつけていただいています。この噺は五代目古今亭志ん生師匠が名演中の名演とされていますが、志の輔師匠が大改作をされました。

志の輔師匠がどんなふうに手を加えたかと言いますと……武士にスポットを当てるのではなく、屑屋の清兵衛にフォーカスした噺にしたのです。そのことで、武士噺寄りの人情噺が滑稽噺寄りの人情噺になっています。『井戸の茶碗』は名作ですが、高木作左衛門が仏像を磨いたように（ちょっとネタバレになりますが、高木は小汚い茶碗も磨くことになります）、志の輔師匠は『井戸の茶碗』を磨き抜いて、新たなる人情噺の名作に仕立て上げてくださいました。それで、どうしても志の輔師匠版の『井戸の茶碗』の稽古をつけてもらいたかったんです。

『井戸の茶碗』を演るとき、千代田卜斎と高木作左衛門という二人の武士を演じるときは、心の中で志の輔師匠をイメージしています。とくに千代田卜斎はご年齢も近いですし、しっくりくる。それで主人公の屑屋の清兵衛は僕自身をイメージしています。

実在する人間を思い浮かべながら演ることができる噺は、場面、場面が鮮明に頭に思い浮かび、役づくりがしやすいですし、感情移入がしやすい。『井戸の茶碗』の場合、主人公の清兵衛は僕をイメージするだけに、なおさらです。

落語の素晴らしさは演者と聴き手が一体化できること

もうひとつ、この噺が素晴らしいところは、登場人物全員がいい人、善人なところです。屑屋の清兵衛、高木作左衛門、千代田卜斎、卜斎の娘、良造、長屋の大家さん、細川家の殿様……みんながみんな、善意の人です。ですから、この噺を聴いていても、演っていても、ワクワクしてくるし、何だか心が洗われるような気分になります。

たとえば、高木が仏像の中に五〇両の小判が入っていることに気がつくシーン。「自分は仏像を買ったので、五〇両は受け取れない。元の持ち主に返すべきだ」と言いますが、これは「武士道」の「義」「勇」「仁」「礼」「誠」「名誉」「忠義」という七つの「徳」に則っています。そして、千代田も同じように「武士道」の道徳心で対応する。

この場面で「自分だったら、どうするだろう?」と僕は考えます。

たとえば、一〇〇万円が入ったカバンを拾ったらどうするだろう、と。もちろん、正直に警察に届けます。でも、お金が全然なかった若手時代だったら、どうだっただろう?拾った自分は五〇万円をもらって、貧乏な芸人仲間に話して、罪悪感を減らすために残りを渡したかもしれないな、などと考えるわけです。

屑屋の清兵衛にこんな台詞《せりふ》があります。

「自分やったらどうすんのかなぁ。返すんかなぁ。いや、もらっておくんかなぁ。これぱっかりは、実際、なってみんとわからんなぁ」

自分自身もそういう気持ちになっているんですが……実は、そのとき、噺を聴いてくださっているお客さんたちにも問いかけているんです。みなさんも、自分ならどうするのかなあと、清兵衛のように考えてくだされば、『井戸の茶碗』をより楽しむことができると思うからです。

こんなふうに、演者と聴き手が一体化できるところが、落語の素晴らしいところだと思うんです。さらに、演者は登場人物とも一体化していきます。

『井戸の茶碗』を僕が演る場合、清兵衛は自分をイメージしていますから、そもそも一体化しているんですが、千代田卜斎や高木作左衛門とも一体化しているような感覚になる瞬間があるんです。自分が武士になる瞬間があるんですよ。

たとえば、千代田卜斎のこんな台詞を言うときです。

「いらん。わしは売ったんだ。売ったものの中から何が出てこようとわしの知ったことやない。これを先方に返してきなさい」

この台詞を言う瞬間、まるで自分の言葉であるような感覚になることがあります。

僕は武士にはなれない、「武士道」の気持ちを持てないんですけれど、この台詞を言っているときは武士になれている、「武士道」の精神を持つ人間になれたようで、気持ちがいいんですよね。

このとき、人から言われてわかったんですけれど、僕の背筋は伸びているらしいんです。それは、所作としてそうしているのではなくて、武士の矜持《きょうじ》を持つ人間になっている。ある意味、武士が憑依《ひょうい》しているのかもしれません。

そして、改めて考えてみると、志の輔師匠の『井戸の茶碗』を聴いているとき、同じシーンで僕の背筋は自然と伸びています。

これは、演者と聴き手、登場人物が一体化しているからなのではないかと思うんです。

僕の『井戸の茶碗』を聴いてくださっている方々も、このシーンで自然と背筋が伸びるように……いつの日か、そんなふうな一人前の噺家になれることを願いながら、「武士道」の精神も採り入れながら、精進していきたいと思います。

第二章

前向きになれる

四、なりたい自分になるために

とりあえず、その世界に飛び込む

道は自分で切り拓いていくしかない

見る前に跳べの精神が大切

人間は本気で行動さえすれば、なりたい自分になれる。僕はそう考えています。社会で活躍しているさまざまな人たち。歌手や、芸人、医者、弁護士、政治家や総理大臣など、みなさん本当に凄いなと思います。

けれども、一方、結局、同じ人間がやっていることなので、誰にでもできる、誰にでもなれる可能性はあるのではないかと考えているんです。

もちろん、才能や能力、性格は人それぞれですから、向き、不向きはあります。せっかちの人は細かい計算が、神経質な人は大局からものごとを見ることが苦手でしょう。ただ何ごとも本気で取り組めば、どんなことでもこなせますし、どんな職業にも就くことができる。小さい頃からそう考えていました。

ある職業に出逢い、自分が本気でそれを生業《なりわい》として生きていこうと考えたときに一番しなければならないことは、「とりあえず、その世界に飛び込む」ことだと思います。

その道に進むための勉強や努力というのは大前提です。それは基本ですし、当たり前の話。その次にやるべきことは飛び込むことです。

たとえば、あなたが弁護士になろうと思ったとします。もちろん、大学の法学部、法科大学院に入学するために、受験勉強が必要になるでしょう。そして、弁護士資格を取るために、法律的な知識を身につけるために努力しなければならない。そういう、いわば机上の勉強が基本と考えて、その準備を進めていくことが普通かと思います。

でも、一番の早道というか、弁護士に本気でなりたい気持ち、努力していこうというモチベーションを高めていくためには、弁護士の世界に飛び込むことだと思います。たとえば、司法試験予備校に通うのではなくて、パラリーガルになる。僕もよく知らなかったんですが、パラリーガルは法学部に通っていたとか、法律事務の知識や経験は不要なんだそうです。熱意さえあれば、アルバイトやインターンシップででも、法律事務所や弁護士事務所は雇ってくれると思います。そして、弁護士の仕事、仕事に対する姿勢や考え方を目の当たりにしたほうがいいと思うんです。

政治家の場合なら、昔は政治家を養成する松下政経塾のような場所はありませんでしたから、まずは誰かの書生や秘書になるのが第一歩でした。芸人も昔は師匠に弟子入りすることから、すべてが始まりました。

とりあえず、芸人の世界、噺家の世界へ飛び込んでみた

僕の場合、最初、芸人を志して、ＮＳＣに第六期生として入学しました。ＮＳＣができるまでは、芸人も政治家のように、師匠に弟子入りしたり、付き人になることがスタートでしたが、第一期生のダウンタウンさんは卒業後、すぐに活躍。それを見て、ＮＳＣに入ることにしました。

周りは当然、芸人志望の連中ばかりでしたし、芸人の先輩の方々の活躍も目の当たりにしましたから、「とりあえず、その世界に飛び込む」ことに変わりなかったと思います。そして、四〇歳で落語に出逢って……噺家を志しました。噺家になるまでの経緯は『僕が落語家になった理由』という本に詳しく書きましたが、「とりあえず、その世界に飛び込む」の精神で月亭八方師匠に弟子入りさせていただきました。

さらに……なにせ四十路の入門でしたから、一刻も早く一人前の噺家になろうと、「とりあえず、その世界に飛び込む」という攻めの姿勢で八方師匠の了解を得て、尊敬する師匠たちに稽古をつけていただいているんです。立川志の輔師匠、桂《かつら》ざこば師匠、桂文珍《ぶんちん》師匠、笑福亭鶴瓶《しょうふくていつるべ》師匠、桂雀々《じゃくじゃく》師匠、三遊亭王楽《さんゆうていおうらく》師匠、古今亭文菊《ここんていぶんぎく》師匠ほか、錚々《そうそう》たる方々にお世話になり、いくら感謝してもしきれない気持ちです。

『阿弥陀池《あみだがいけ》』という上方落語の演目があります。江戸落語には『新聞記事』として移植されていますが、僕はこの噺を聴くたび、演るたびに「とりあえず、その世界に飛び込む」ことの大切さに思いを馳せるんです。『阿弥陀池』は主人公がホラ話を聞かされて、あちこち友人の家を訪ねていきますが、いろんな師匠に稽古をつけてもらいに行くのと似ていて……ではなくて、『阿弥陀池』は噺家への道を決定づけた噺だからです。

【方正のあらすじ紹介】

『阿弥陀池』（あみだがいけ）

隠居が新聞を読んでいるところに、ある男が訪ねてきました。

その男は隠居が何かを畳の上に置いたのを見て、饅頭《まんじゅう》か何かを食べているのを隠したのかと誤解します。このことを隠居に問い詰めると……。

「わしゃ、新聞読んでたんや」

「新聞って、読むもんなんか？」

その男にとって、新聞は弁当や下駄を包むものだったんです。隠居は呆れて、新聞を読まないと、世間を知ることができないと言い聞かせます。ところが、男は隠居の言うことを聞かず、新聞なんて読まなくても、世間を知っていると言い張る。

そこで、隠居は阿弥陀池の尼寺、和光寺での強盗騒動の話を始めます。強盗が尼さんに「金を出せ」とピストルを突きつけると、尼さんは胸を突き出して、こう言いました。

「私の主人は、日露戦争で心臓を一発で撃ち抜かれて、亡くなりました。同じ死ぬなら、主人と同じところを撃たれて、死にたい。過《あやま》たず、胸を撃ち抜きなさい」

そう言われた強盗は驚いて、顔面蒼白になります。日露戦争での戦死者はたくさんいますが、心臓を一発で撃ち抜かれて亡くなったケースはめったにありません。

「あなたのご主人は私の命の恩人の上官だったんや。そんな方を脅してしまったとは……。死んでお詫びをいたします」

自殺しようとする強盗を止めて、尼さんは言います。

「あんたはきっと、根っからの悪人ではない。誰かにそそのかされたのでしょう」

すると、強盗は……。

「へえ。あみだがいけ（阿弥陀が行け／阿弥陀池《あみだがいけ》）、と言いました」

阿弥陀池の強盗騒動は、隠居が男をかついだ、言葉遊び、駄洒落を巧みに使ったホラ話だったんです。

「お前が新聞読まんさかい、こないして騙されるねん。新聞読んでたら『あんた嘘言うたらあかん。そんなこと新聞に載ってまへんがな』と言えるやろ」

それでも、男は新聞を読むと言いません。

そこで、隠居は続けて、東の辻の米屋の強盗事件の話をします。強盗は刀で米屋のおっさんを脅しましたが、おっさんは動じない。若い頃、柔道の修行を積んで柔の心得があり、腕が利いたからです。強盗はおっさんに切り込みましたが、体《たい》をかわし、よろめいたところを柔道の技で肩にかついで、叩きつけました。そして、刀を手放した強盗を馬乗りで押さえつけましたが、強盗は胸元に隠していた匕首《あいくち》でおっさんの心臓を突き抜いたのです。

そして、おっさんの首を切断、ぬかの桶へ放り込んで逃げ、いまだに捕まらないでいるという。隠居は男に、そんな話を聞いたことがあるかと聞きました。

「いや、聞かん」

「聞かん（**利かん**[註]）はずや、『ぬかに首（ぬかに釘）』やがな」

この話も、ホラ話だったんです。一度ならず、かつがれた男は隠居の家を飛び出しましたが、気が収まりません。「ぬかに首」で誰かをかつごうと友達の家を訪ね

註　「釘が利く」は確かな効き目があることを意味する

ますが、言葉をよく知らないため、話がとおりません。「腕が利いた」は「腕が切れて手がボロボロ」、「柔道で柔の修業」を「十三《じゅうそう》で柔らかい焼き餅の修業」などと言い間違えてしまい、しどろもどろになるばかり。一向にうまくいきません。やっとのことで、隣町の友人をかつぎかけることができたのですが……。

【方正の落語解読】
『阿弥陀池』のここが素晴らしい！

初高座で『阿弥陀池』をかけた理由

『阿弥陀池』は一番初めに覚えた噺です。落語にハマって、そのうちに自分でも演りたくなった。それで、単純に聴いていて楽しく、登場人物が少なく、終盤がドラマチックに盛り上がる、この噺を覚えよう、演ってみようと思ったんです。

そして、二〇〇八年五月一一日。阿倍野区文の里の「八方勉強会」の高座で『阿弥陀池』

をかけることになったんです。いま考えると、山崎邦正としての最初で最後の高座になりました。この日が僕の噺家としての誕生の日です。

後でわかったことですが、『阿弥陀池』は三〇分くらいかかり、普通は初心者が初高座でかける演目ではなかったようです。普通、初高座では『つる』や『子ほめ』『牛ほめ』など、前座が師匠から教わる初歩の前座根多をかけるそうです。

前座根多は時間にして一〇分ほど、ほぼ二人の会話で成り立つ噺なんです。ところが、僕はそんなことは何も知らなかった。自分の演りたい噺をやりたいという気持ちだけでした。ただ、この噺にも**「生兵法は大怪我の元」**[註]という格言が出てきますが、下手な準備はしないで、そういう純粋な気持ちで『阿弥陀池』を演ってよかったと思っています。

初高座には手応えを感じました。何とか最後まで演り遂げると……ドドンと太鼓が鳴り、大きな、大きな拍手をいただいて……あまり感じたことのない充足感が胸を満たしていました。「ドドン！　パチパチパチパチパチパチパチパチパチ」、いまも耳に残っています。

註　中途半端な知識や技術に頼ると、かえって大きな失敗をするということ。「生兵法（なまびょうほう）」は、聞きかじった兵法や武術。「生兵法は怪我の元」「生兵法は大疵（おおきず）の元」ともいう目の前に座っているお客さんたちが、キラキラと輝いて見えたことも覚えています。

終わってすぐに、八方師匠に挨拶に行きました。

「なんとか最後までできて良かったな」

師匠には、こう声をかけていただきました。そのまま君も打ち上げに来るかということになり、参加させていただきました。

打ち上げは二次会、三次会となり、気分良くお酒を飲み、酔いが回ってくるうちに、八方師匠に正直な気持ちを伝えたくてたまらなくなってきました。

「師匠、月亭をください」

師匠に弟子入りをお願いしたんです。これも、いま考えると不躾《ぶしつけ》なことをしたと思います。そんな簡単に口にする内容ではなく、しかも、酒の席です。周りの兄弟子たちは驚いたと思います。だけど、僕のまっすぐな目を見ながら師匠は微笑み、あっさりと……。

「ええよ。やる。邦正やから『八方』の『方』をとって『方正』でええやろ」

すごく嬉しかったけれど、にわかには信じられなかった。それで、一筆をもらおうと、紙に「月亭方正」と書いてもらいました。その紙は居酒屋のテーブルに敷いてあった紙です。これはいまも僕の宝物として大切にしています。

後で師匠に聞いた話ですが、あの場で即座に月亭を名乗っていいと言ったのは、山崎邦正が落語を演るときに月亭を名乗ってもいいよ。タレントがやるのだから、そこはシャレみたいなもんで「月亭方正」と名乗ったら、という軽い気持ちだったそうです。

しかし、それから毎月、演目を一本ずつ覚えていって、毎回、「八方勉強会」の高座に上がっているのを見て、「あれ？　こいつ本気なんか？」と思われたそうです。

一年半後に師匠から「上方落語協会に入るか？」とおっしゃっていただきました。

「はい。ありがとうございます」

このとき、正式に弟子入りすることになったんです。「月亭」を名乗ることが正式に認められたわけで、本当に嬉しかった。そのまま協会に入会させていただきました。

後日、桂きん枝師匠に、こううかがいました。

「君を入れるとき、あんたの師匠は周りの反対を押し切ったんやで。『方正が何か問題起こしたら、俺が責任を取る』と言うてたで」

僕みたいな者に、そこまで言ってくださった師匠。昨日今日入った弟子であっても、師匠が弟子入りを許した者の責任はすべて引き受ける覚悟。感謝してもしきれません。僕は八方師匠に噺家の生き方を教えていただきました。

この噺が人生の転機を与えてくれた

日付が回っていたかもしれませんが、二〇〇八年五月一一日。僕は月亭方正として、月亭八方師匠に入門。落語家としての第一歩を踏み出すことができました。実際に『阿弥陀池』を高座で演ってみて、気がついたことがあるんです。前述しましたが、四十路を迎えるにあたって、僕は将来を思い悩んでいました。そして、落語家を志す前に思いついたのは、吉本新喜劇の座長として再スタートしてみようということだったんです。いろいろと準備を進めて、吉本新喜劇や藤山寛美さんの松竹新喜劇のＤＶＤを見まくったりしましたが、実際に稽古をしようとしたら、何もできないんです。新喜劇はみんなでつくりあげていくものなので、一人では何もできなかった。やりたいときに何もできないのは、性分にあっていない。自分に向いていないのでは、と思い至りました。

ただ、『阿弥陀池』を演ってみて、気がついたんです。『阿弥陀池』は登場人物がそれほど多くはない噺ですが、一人で何人もの人間を演じることができます。つまり、落語は「一人新喜劇」なのではないだろうかと。この瞬間に電気が走りました。これは自分に向いている。これが僕の人生を賭けてやることだ、と。最初に前座根多を演っていたら、そんなことには気がつかなかったかもしれません。『阿弥陀池』を初高座にかけたのは偶然でしたが、必然だったのかもしれません。

新喜劇にも落語にも、演目ごとに「言いたいこと」「伝えたいこと」があります。そして、それをきちんと解釈して、見る人、聴く人にうまく伝えていくことが大切だと思います。

そして、『阿弥陀池』の「言いたいこと」「伝えたいこと」は「嘘をついてはいけない」というシンプルなことです。「嘘をつくと閻魔様に舌を抜かれる」「嘘つきは泥棒の始まり」「嘘ついたら針千本飲ます」「人の嘘は我が嘘」ということわざもありますが、嘘をついたら、エライ目に遭う。『阿弥陀池』の主人公は相手に合わせて、嘘に嘘を重ねてしまいますが、どんどん取り返しのつかない方向に向かっていってしまう。ドラマティックに、ある意味、破茶滅茶に話は展開していって、それに戸惑うようすがおもしろい。とってもシンプルなことを、おもしろおかしく伝えることができるんです。

何度も『阿弥陀池』を演るうちに、こう変えたらおもしろいのではないかというアイデアが思い浮かんで、また一部を改作しているところです。近いうちに、みなさんに披露することができると思います。月亭方正版『阿弥陀池』に期待して、お待ちください!

五、「運」をつかむために

人間関係を大切にする

運の良し悪しは人間関係で決まる

いい運を人へ運べば、やがて自分にめぐってくる

人間には個々に運が備わっていて、でも、人間一人ひとりの運って限られていると思うんです。運のキャパシティーみたいなものはある程度決まっている。じゃあ、その限られた運をどのようにすれば運が良くなるのか。

運というものは、ときに人からもらい、ときに人に与えるものだと思うんです。

たとえば、誰かに料理が美味しいと評判のお店を紹介してもらったとします。その店に行ったら本当に美味しかった。接客も最高のおもてなしで素晴らしいお店だった。

ここからの行動で、その人の「運」が変わります。

運を逃す人は、このお店を誰にも紹介しようとしません。なぜかというと、紹介することで評判が口コミで広まって人気店になってしまったら、予約の取りづらいお店になってしまうと考えるからです。それでは自分が行きたいときに予約できない。「人に美味しいお店を紹介してもらえた」という自らに回ってきた運を、自分でせき止めてしまっているのです。

だけど、もしその人が誰かにその美味しいお店を紹介したら、逆に違う美味しい店を紹介してもらえたかもしれません。つまり運を逃しています。

「運」は人へ運ぶもの

僕ら芸人の仕事もそうです。芸人は、誰かから仕事を回していただくことが多い世界です。芸人仲間、落語家仲間同士で仕事を融通、紹介することもありますし、テレビのディレクター、放送作家との人間関係で仕事が決まることも多い。

だけどなかには、他の芸人に仕事を回さない人もいます。紹介してもらった仕事を、自分のところでせき止めてしまう。おそらく自分の仕事が減るかもしれないという危惧《きぐ》からなんでしょうが、先ほどの美味しい店の話と同様で、そういう人を見ていると、回り回って、結果的には運を逃しています。

「運」という字は、「運ぶ」と書きます。

読んで字の如しで、「運」とはやっぱり運ぶものなんです。どんどん回して、繋いでいくものなんです。もらった運を次の人に渡して、またもらった運を次の人に渡して、ぐるぐる回すんです。ずっと川の水のように流しておかないといけません。決して池の水のように貯めているだけではいけません。川のように水を流し続けていると、どんどん水が清らかになっていって、良い運が回ってくるのです。

「流れる水は腐らず」ということわざがあります。結果が出なくても、自分の思いどおりにいかなくても、少しずつでも努力して、前進していくことが大切という意味です。同じように、「運」も「運ぶ」ことを続けていれば、腐らない。人から人へ運ぶことを心がけ、行動することで、回り回って、自分にもいい運がめぐってくるのではないかと思うんです。

運がいいというのは、運びがいいのです。

運が悪いのは、運びが悪いのです。

自分がもらった運をどれだけ人に渡せるか？

これが結局、自分の「運」を良くする方法だと思います。

運を回す人、回さない人

もう一つ。もらった「運」を回そうとする人と付き合うことがとても大切だと思います。

人間って、攻略しようとする生き物だと思うんです。

たとえば、AさんとBさんという二人の人間が身近にいたとします。Aさんは、なぜかいつも自分や周りの人間によくしてくれる。逆にBさんは、自分だけでなく、周りの人間にも何かをしてくれるということがあまりない。

そこで人間というものは、その何もしてくれないBさんもAさんのような人になってもらえたらと、「攻略」しようとするんです。Bさんを変えることで、お互いにとって有益な関係ができたらと、策を練ってアプローチする。

しかし、これは無意味なことだと思います。Aさんのような人は、どんなときも、どんな場面であっても周りの人のために動きます。逆に、Bさんは、どう働きかけても周りの人間のためには何もしないのです。

それではどうすればいいかといえば、Aさんとの付き合いをより深いものにするために、Bさんに使っていた自分の時間をAさんに回すんです。そうすると、元々やってくれていたAさんは、さらにとことんやってくれる。何もしてくれない人は、どうしたって、何もしてくれません。

昔、こんなことをよく言っている後輩がいました。

「もしも僕にお金があったら、めっちゃ寄附しますわ」

「もしも僕にお金があったら、めっちゃ奢りますわ」

でも、それはやっぱり嘘ですもんね。寄附する人は、お金がなくてもできる範囲で寄附しますし、人に奢る人は、なんとしても奢りたいと、人によっては借金してでも奢りますよね。そう考えていくと、自分自身がAという人間になればいいんだということに気づきます。誰かに運を渡して、また誰かから運をもらう。そういった人間になれれば、運の循環がうまくいくのです。

冒頭で僕は、人間一人ひとりの運って限られているんだと書きました。一人の人間の運の量など、たかがしれてる。だからこそ、もらって、渡して、回し続けなければならないんですね。とどのつまり、運というものは「人間関係」なんだと思います。

人間関係こそ人生、一番の贅沢

これは嫁が、ある偉いお坊さんから聞いたといって教えてくれた言葉です。

「人間にとっての一番の贅沢は、人間関係である」

僕ね、この言葉を聞いて感銘を受けました。もともとはフランスの作家、サン＝テグジュペリの言葉で、人間関係から見えてくることはたくさんあるし、人生の喜怒哀楽もそこから生まれてくる。そういったいろいろを含めて生きる意味を見出していける人間関係以上に、贅沢なものはないといった深い意味だそうです。

ただ、自分としてはもっとストレートに受け取って、こう感じたんです。

たとえば、たくさんお金をかけて、贅沢な旅行に行くとします。高級ホテルに泊まって、美味しい高級料理もたくさん食べる。そんな旅行に自分が好きな人と一緒に行ったら最高に楽しいですよね。

だけど、すごく贅沢な旅行でも、嫌いな人と一緒だったらどうでしょうか？

そうですよね。泊まる場所も、料理も、根本的にはそれほど自分の幸福度に影響しないんです。結局、一緒に行く人、共に時間を過ごす人によって、楽しいか楽しくないかが決定される。

そして、そういう人間関係は、どうしたってお金では買えない。そういう意味でも、人間にとっての一番の贅沢は人間関係なんだなと感じたんです。

自分が運を回し続けていると不思議と同じような人間が周りに集まってきます。運をせき止めるような人間にも、同じような人間が集まってきます。先人はよく言ったもので、「類は友を呼ぶ」というのは本当なんですね。

落語は人間関係を描く芸事ですから、落語から、僕は人生のさまざまなことを学んでいます。そんな落語のなかで、『高津《こうづ》の富《とみ》』は運を重要なモチーフにしている演目です。

そして、この噺は僕にとって、実は特別な演目なんです。

【方正のあらすじ紹介】

『高津の富』（こうづのとみ）

大阪・北船場《きたせんば》大川町の一軒の宿屋に、一分[註]しか持たないおっさんがやってきました。身なりはみすぼらしく、宿屋の親父が訝《いぶか》しんでいると、おっさんは言います。

「今回、大阪に来たのはたった二万両の商いのためや。主人のわいがやってくる必要もないんだけど、たまには旅でもどうですと番頭に勧められて……でも、金持ちだとわかると面倒やから、だけえ、こんな身なりをしているわけや」

そして、鳥取・因州《いんしゅう》の自分の屋敷には一八人もの賊が押し入ったが、千両箱をたった八三箱しか運び出せなかったとか、漬物石代わりに千両箱一〇箱を使っていたら出入りの者に一箱ずつ持っていかれたとか、大言壮語を吐きちらかす。

註

江戸時代の通貨単位。金一分は金一両の四分の一の貨幣価値があった。現代の貨幣価値で一両は約七万五〇〇〇円とされるので、一分は約二万円。この噺の富くじ、一番富の当選金、千両は約七五〇〇万円！

ところが、宿屋の親父はおっさんの話を真に受けて聞いていました。

「宿だけでは食えまへんので、高津神社の富くじも扱ってます。残り一つ、一分やので買っていただけまへんか？」

金持ち自慢をしていたおっさんは、勢いで、なけなしの一分で富くじを買いました。これで、おっさんはすっからかんになったのですが……。

「千両が当たったら、ご主人に半分、差し上げよう」

こう言うと、宿屋の親父は大喜びでおっさんをもてなしました。ただ、おっさんは親父にこう言っていたものの、本当のところ、しこたま飲み食いして、宿賃や飯酒代は踏み倒そうという魂胆だったんです。

翌日。その日は、ちょうど高津神社の突き富（抽選会）の日。境内はごった返しの大賑わいです。いよいよ突き富が始まりました。

札の入った箱のなかに錐《きり》を打ち込んで、札に突き刺す。そして、引き上げたものが当たり札になります。世話係が当たり札を読み上げようとすると、境内のざわめきは消えて、しーんとなりました。

「一番富……子《ね》の一三六五番」

三番富まで終わり、当たり札の番号が貼り出され、境内も静けさを取り戻した頃、くだんのおっさんが神社にやってきました。

そして、宿屋の親父から買わされた富札をやおら取り出して、貼り出された番号と照らし合わせます。

「一番富が子の一三六五番、二番富が辰の八五一番、三番富が寅の一〇四〇……。当たらんもんやなあ。ほんに、いよいよ一文なしのからっけつや。一番富が子の一三六五番…………んっ！　わしのも子の一三六五番や！　当たった⁉　当たった！　当たった!!」

聞けば、当選金の千両は世話係が宿屋に持ってきてくれるという。

おっさんは腰が抜けそうになって、身体もがたがた震わせながら、宿屋に戻ります。そして、ふとんを頭からかぶって震えていました。

おっさんと入れ替わりに、高津神社を訪れた宿屋の親父。

昨日の富くじが一番富となり、千両が当たったことを知って、びっくり仰天。昨晩の約束どおりなら、五〇〇両をもらえる。親父は喜び勇んで宿屋に戻り、祝宴をあげようと、おっさんの部屋に向かったのですが……。

【方正の落語解読】
『高津の富』のここが素晴らしい！

落語と出逢えたのは運が良かった

『高津の富』はもともと上方落語の演目。江戸落語では『宿屋の富』になって、湯島天神の富くじの噺として演じられています。『高津の富』は思い入れのある演目です。

四〇歳の不惑を目前にして、これから人生惑わずに生きていくにはどうしよう、芸人としてどのようにすべきかと思い悩んでいた頃、落語に出逢います。そして、人生で初めて聴いた落語が、桂枝雀師匠の『高津の富』だったのです。落語の素晴らしさ、おもしろさ、奥の深さ……この噺を聴いたとたん、落語に魅了されました。

当時、落語に関する知識はまったくなかったんですが、たまたま『高津の富』は枝雀師匠の十八番。偶然なんですが、落語との出逢いとして、最高のものでした。

これは、僕が運が良かったからだと思うんです。

将来に思い悩んでいた僕に落語、なかでも枝雀師匠の落語を紹介してくださったのは、先輩の東野幸治さんです。古典落語は僕には合わないいんじゃないか、違うんじゃないかと思ったんですが、実際、聴いてみたら、どハマりしました。そして、落語家になりたいと思っていたら、仕事仲間にして、友達の月亭八光くんがいました。すぐに電話して僕の熱い思いを告げるとお父さんの月亭八方師匠を紹介してくれました。

人間関係で僕は落語と出逢うことができましたし、落語家になることもできたんだと思うんです。本当に運がいいことだと思いますし、この運をもっと良くするために、人にも運を運んでいかなければならないと思っています。

『高津の富』のおっさんは反面教師!?

『高津の富』の最大のおもしろさは、人間臭さが見事に描かれているところだと思います。たとえば、自称・金持ちの貧乏なおっさん。屋敷に離れができたから駕籠《かご》で見に行ったら、夕方までに着かず翌朝になったとか、屋敷の敷地は山を二つほど越えるほど広いので、最近は屋敷の麓《ふもと》に山賊が出るとか、大ボラを吹きます。

こんな大嘘つきになんて、絶対、なりたくありません。ところが、人間は弱いものですから、聴いているうちに、おっさんに感情移入していくんです。

なけなしの一分で富くじを買ってしまうくだりとか、高津神社に念のために突き富を見に行くところとか、思いがけず一番富が当たる場面とか……嘘をついたり、見栄を張ったり、欲望を剥き出しにしたり、格好をつけたり、とっても人間臭くて惹かれるところがあります。そこがこの噺の魅力になっています。

また、このおっさんは五〇代半ば。江戸時代の平均寿命は五〇歳とされますから、普通は悠々自適な隠居生活を送っている。しかし、貧乏な旅路のなかにいます。

鳥取・因州出身のようですが、おっさんはどういう職業だったのだろうか？　家族とどう暮らしていたのだろうか？　そういうことに思いを馳せます。大嘘をついているのですから、まともな人間関係を築けなかったのだろう。どう考えてもダメ人間だろう、とか。

ただ、富くじで一番富が当たります。このおっさんは富くじが当たったことで人間が変わるのだろうかとも思ったりするんですが、『高津の富』のオチにも、このおっさんの人間臭さが出ています。

六、自分にきちんと向き合うために

一生懸命にものごとに取り組む

ひたむきに生きる人に惹かれる

中学時代はとにかく、一生懸命に生きていた

仕事柄、雑誌やテレビ、ウェブサイトのインタビューを受けることがよくあります。そのときに聞かれることが多いのが、次のような質問です。

「タイムスリップして過去に戻れるなら、自分の人生でいつの時代に戻りたいですか？」

「これまでの人生で一番楽しかった時期はいつですか？」

みなさんなら、いつ頃だと答えますか？　僕の場合、まず思い浮かぶのは、中学時代です。ひとつに、中学生くらいが自我の形成期ですからね。思春期や反抗期があり、将来の自分と向き合い、考え始めるのもこの時期です。そして、初めて体験するできごとが多いから刺激的な時期でもあります。

僕の周りの人たちに聞いても中学時代が一番楽しかったという人は多いです。

では、なぜあの頃に戻りたい、あの頃は楽しかったと思うのでしょう。

僕の答えは……何ごとに対しても一生懸命になれていたからだということです。若い頃は単純ですから友達関係にも一生懸命でしたし、恋愛にも一生懸命、部活動にも一生懸命、腹が減るから食べるのにも一生懸命でした。僕の場合、五歳から始めた剣道にも一生懸命に取り組んでいました。

勉強だけには一生懸命になれなかったけれど、それ以外は、何にでも一生懸命でした。

いまが一番楽しいから、過去に戻りたくない

いま振り返ってみると、中学時代は一生懸命、全力で生きていました。

あの頃は自分自身のことをよくわかっていなかったけれど、心が踊り、充足感があり、毎日を楽しく暮らしていました。

しかし、大人になるにつれて……さまざまな経験を積むうちに、悪い意味での経験値が働いてしまいます。

一生懸命やって、結果が出なかったらどうしよう？

一生懸命やって、失敗したらどうしよう？

失敗を怖がって、なかなか一直線にものごとに取り組むことができない。

もしかしたら、自分はダメな人間なのかもしれない。そういう恐怖心も生まれてきて、一生懸命になれなくなってしまっている。

大人になるということは、ある意味、幅広い視点を持つことだと思うんです。それはそれで、素晴らしいことだと思いますが、視野が広がる手前の「視野の狭さ」が逆にいい方向に働くこともあります。

それが、やみくもに、一生懸命になれることだと思うんです。

僕が生きていくうえで大切にしているのは、嘘はつかないことと、一生懸命にやることです。

でも、昔から大切にしていたのは嘘をつかないということだけで、一生懸命にやるというこことはうすうすは思いながらも、どこか後付けなところもあります。

四〇歳で落語に出逢って、無我夢中になれた。

さまざまな大人の事情を振り捨てて、一直線に噺家になりたいと思った。この一〇年間を、一生懸命に生きられたことで、後付けしたわけです。

落語家になる前の芸人時代、冒頭のインタビューの質問にはいつも「中学時代です」と答えていました。

しかし、最近では「いまです」と答えています。

いまが充実しているから、過去のどんな時期にも戻りたくないし、いまが一番楽しいと思っているからです。

そして、そう答えているときに、頭に浮かんでくるのはいろいろな落語の噺です。

そのなかでも『しじみ売り』という噺に登場する、しじみを売り歩く貧しい少年の姿が思い浮かぶんです。

【方正のあらすじ紹介】

『しじみ売り』（しじみうり）

冬のある日。天下の大泥棒の親分が、小料理屋で子分と雪見酒を楽しんでいたところ、しじみ売りの声が聞こえてきました。

「しじみィー。えー、しじみよぉー」

店先から、「しじみなどいらん」と言う料理屋の主人の声が聞こえてきました。親分が外をふと見ると、しじみ売りの歳の頃は一〇歳、汚い手拭いを頬かぶりして、ぼろぼろの印半纏《しるしばんてん》に素足にわらじを履いた、貧しい身なりの少年でした。渡る世間は降る雪よりも冷たく、まったくしじみは売れていないようす。親分はしじみを全部、買ってあげることにしました。そして、しじみを川に放してやるように少年に言ったのです。

少年が戻ってくると、いかにもひもじそうだったので、親分は押し寿司や卵焼き、煮染《にし》めや粕汁《かすじる》をふるまいました。そして、身の上話を聞いてみると……。少年は母、姉と暮らしているのですが、二人とも長患《ながわずら》いの病で働けず、少年がしじみ売りの行商で生計を立てているとのことです。

少年は料理を貪《むさぼ》り食べていましたが、卵焼きで箸が止まりました。卵焼きが好物の母と姉へのおみやげにしたいと言います。同じようにひもじい思いをしているだろう家族への少年の思いを知って、哀れに思った親分は小判を渡そうとします。

しかし、少年は頑なに小判を受け取りません。

「知らない方からお金をもろうたらあきまへんのや」

なぜ、少年がそう思っているのか？

詳しい事情を聞いて、親分は驚きました。

二三歳の姉は、もともと売れっ子芸者。紙問屋の若旦那といい仲になったのですが、若旦那は親から勘当されてしまったのです。そこで、二人は駆け落ち。姉は旅芸者、碁が強かった若旦那は碁打ちになって、旅から旅への生活をしていました。

あるとき、若旦那はイカサマに引っかかって、賭け碁で大負けしてしまい、姉は借金のかたにされかかってしまいました。そこへ、隣の部屋から、男が現れて……借金を立て替えたばかりか、旅の路銀にしてくれと、五〇両も渡しました。

ただ、五〇両の小判は御金蔵破りのものでした。

若旦那はお上に盗人として、捕らえられてしまいました。それで、姉は心労が重なり、病気になってしまったというのです。

小判を渡した男は、その親分だったんです。

よかれと思ってやったことでしたが、結果として、少年の家族に不幸をもたらしてしまった……親分は、拒む少年に五両と卵焼きの折詰めを渡して、こう言います。

「母さんや姉さんに、『悪いことばかりは続かへん』と伝えや」

降りしきる雪のなか、少年は家路を急ぎます。

「しじみィー。えー、しじみよぉー」

しじみ入れの籠は空なのに、習い性なのか、少年は物売りの声をあげています。

少年の姿が小さくなり、声が遠くなるなか、子分が少年に向かって、声をかけました。

「頑張っとったら……頑張っとったら、ええことがある」

そして、親分はあることをしようと決めました。

やがて、少年一家には、ええことが……。

【方正の落語解読】
『しじみ売り』のここが素晴らしい！

しじみ売りの少年の生きる姿にじーんとくる

『しじみ売り』は代表的な人情噺です。江戸落語では天下の大泥棒の親分が鼠小僧次郎吉《ねずみこぞうじろきち》だったり、噺の筋にはさまざまなバリエーションがあります。また、『蜆売り《しじみ》』『しじみ屋』とも言われますが、僕には『しじみ売り』というタイトルが一番、しっくりくるんです。

一生懸命、しじみ売りをしている少年に焦点を当てたいので、しじみは漢字でないほうがいいし、しじみ屋とすると本物の商いのような感じがするので、『しじみ売り』がいい。

この噺を聴いていると、思わず涙してしまう場面がいくつかありますが、まず、しじみ売りの少年が親分に押し寿司や卵焼き、煮染めや粕汁をふるまわれて、貪り食べるところです。少年は早朝から川でしじみをすくい、町を売り歩いていたので、その日、何も食べていません。そして、久しぶりのご馳走に、美味しい、美味しいと、最初は味わいながら食べていましたが、途中からは無我夢中になって貪り食べます。

一〇歳、一一歳くらいの少年が、夢中になって食事をしている。ただ、それだけの場面なんですが、この場面になると、少年の純粋無垢さがしみじみと伝わってきて、何度聴いても、胸にじーんときます。

僕が『しじみ売り』を演るときも、この場面には力を入れています。

仕草で伝えられるのは落語の大きな魅力！

ただ、少年が夢中で食事をするシーンで、僕は言葉を一言も口にしません。すべて、仕草だけで演っているんです。

でも、計算して演っているわけではありません。

最初は「美味い、美味い」「ほんま美味い〜」などと言っていましたが、この場面までの親分や少年のやりとりを演っているうちに、そんな台詞が消えていったんです。少年が憑依してきて、無言になっていってしまったんです。

落語は喋り芸というイメージが強いんですが、けっしてそれだけではない。蕎麦をすすったり、煙草を喫《す》ったりすることを、扇子ひとつで表現することもできますからね。仕草で芝居もしているわけですが、仕草ひとつでお客さんに言いたいことを伝えることができる。こういう**ノンバーバル**[註]の表現ができることは、落語の大きな魅力のひとつだと思います。

ただ、注意しなければいけないことは、仕草を芝居と考えないことだと思うんです。計算して演っているわけではないと言いましたが、計算した芝居として演じてしまうと、お客さんに見透かされてしまう。登場人物になりきった結果、ある意味、登場人物が憑依してきて、リアルな仕草ができると思うんです。

この噺を演っていると、不思議な感覚に陥ることがある

自慢話のように聞こえてしまうかもしれませんが、『しじみ売り』で僕が演る少年の仕

註

言葉によらない非言語コミュニケーションのこと。ベストセラー『人は見た目が9割』(竹内一郎著/新潮新書)の「見た目」とはノンバーバルコミュニケーションを指している。同書では非言語コミュニケーションについて詳しく解説している

草は自然なものになっていると思います。

それは、一心不乱に少年になりきっているからだと思うんです。演っているうちに、自然と少年が降りてくるというか、僕の中の少年的な部分が大きくなってくる。というか、僕の中身はもともと少年っぽいところが多くて、いつまでたっても、稚気《ちき》が抜けないというか、大人の考え方ができないんですけれどね……。

この噺のひとつのクライマックス。子分が家路を急ぐ少年に声をかける場面で、不思議な感覚に陥ることがあります。

「頑張っとったら……頑張っとったら、ええことがあるで!」

高座の上で、僕は少年になっている。子分が少年に声をかけているんですが、自分自身が頑張れよと声をかけられている感覚になってくるんです。

うまく説明できないんですが、僕でありながら、子分でありながら、少年になっている。完全に噺の世界に入っていってしまったりすることもありますが、逆に、自分自身がこの噺を聴いているような感覚になることもあります。ある意味、**トランス状態**[註]に入っているみたいです。

最近、思うんですが、僕が好きな落語の演目には、奇を衒《てら》った場面や場面展開がないんです。ごくごく普通の日常を描いています。

退屈と言えば、退屈なのかもしれません。

噺が進んでいくなかで、「え？　こんなことになんの？」「こんなことになったら、結局、どうなんの？」という展開はありません。でも、噺の大枠はしっかりとしていて、そこからはみださない。登場人物たちは、『しじみ売り』の少年、親分のように日常を一生懸命、生きているんです。

例外として、SF的な噺もありますが、落語はドタバタの展開になっても、あくまでも日常のなかで地に足がついた物語が展開されていくんです。

僕なりの解釈ですが、一生懸命、ものごとをやるということと、青春は同じなんです。

中学時代、何ごとにも一生懸命だった。だから、楽しかった。まさに、青春でした。

いまは落語を一生懸命、やっている。

ありがたいことに、僕はいま、青春真っ只中なんです。

註

心理学用語で、通常とは異なった意識状態のこと。入神状態や脱魂状態、恍惚状態と呼ばれることもある

七、願いごとを叶えるために

まず、強く祈ってみることが大切

願いごとがブレないのは幸せなこと

願いは家族の幸せと立派な噺家になること

みなさんは神社やお寺に参るときに、どんなことをお祈りしていますか?

これまで生きてきたなかで、僕はいろいろなことを祈ってきました。

学生の頃は、お金持ちになれますように、大好きなあの娘と付き合えて相思相愛になれますように、もうちょっと背が伸びますように、剣道がうまくなりますように、高校や大学の受験で合格しますように……。二〇歳で芸人になって上京した頃は、風呂なしアパートに住んでいましたから、ボロボロでもいいので風呂付きの部屋に住めますように、と。そして風呂付きの部屋に住めるようになると、寝室が別のアパートに住めますように、とお祈りをしてきました。

そして、住むところの願いが実現すると、今度は、中古でもいいからクルマに乗れますように、外車に乗れますように、とクルマについてお祈りするようにもなりました。

さらに、あの娘と結婚できますように、子どもができますように、一軒家に住めますように……。祈ること、願いは際限なく広がっていきましたし、そのときどきで変わっていきました。

そんな僕だったんですが、この一〇年は、お祈りすることが変わっていません。

家族が健康で幸せに暮らせること。

立派な噺家になれること。

この二つです。

もちろん、たとえば父親が病気になったときには快癒を祈ったり、稽古している演目をうまく演れますようになどとは祈りますけれど、基本的には、家族の幸せと立派な噺家になるという願いは変わらない。

祈ること、願いがブレないということは、この先、何をして生きていったらいいのか、やるべきことが見えているということだと思います。

朝起きて、その日にすべきこと、しなければならないことも見えてきます。家族が健康で幸せに暮らすためにと考えれば働くモチベーションは上がりますし、それだけでなく、家族と一緒の時間を大切にしようとも思います。そして立派な噺家になるために、もっと稽古をしようとも思う。

僕は落語に出逢ってから、そういう気持ちになってきました。

願いごとは強く祈ることで実現する！

「引き寄せの法則」というものがあります。

「いいことを思えば、いいことが起こる」「思考は現実化する」。楽しいことが起きてほしいなら、楽しいことを考えていれば、楽しいことが起こる。成功したいのなら、成功することを考えていれば成功できる。つまり、強く願っていれば、それは実現するということです。ちょっとオカルトというか、スピリチュアルなので、眉唾《まゆつば》かと思っていたんですが、そう考えること自体は悪いことではありません。

強く願うこと、強く祈ることで、強い意志を持てると思うんです。ですから、願いごとを叶えるためには、まずは強く願うこと。そのことが強い意志を生んで、実現に近づけるのではないかと僕は考えています。

それでは、そのためには、どうすればいいのでしょうか？　僕が思うに、まず、これから人生をどう生きたらいいのか、どう生きるべきかを真剣に考えることだと思います。

僕もそうでした。足掻《あが》きに足掻いて、悩みに悩んで、迷いながら、途方に暮れながら、ようやく落語に出逢えました。メーテルリンクの童話『青い鳥』の主人公の兄妹、チルチルとミチルではないですが、意外とそれは身近なところにありました。ただ、人によっては、はるか遠く彼方にあるのかもしれません。

でも、見つかるまで、探し続けることが大切だと思います。探し続けるのが、人生だと思っています。もちろん、見つかるものは、人それぞれです。人間の数だけ青い鳥は存在しますし、世のなかにはいろんな人たちがいますからね。

古典落語『蒟蒻問答《こんにゃくもんどう》』は修行僧が偽住職、にわか坊主に禅問答をしかけるものの、勘違いから偽住職に敬服するという噺です。とんちんかんな問答なんですが、この演目を聴いていると、本当に世間にはさまざまな人間がいるんだなと思います。

【方正のあらすじ紹介】

『蒟蒻問答』（こんにゃくもんどう）

上州安中《じょうしゅうあんなか》に六兵衛という親分肌の男がいました。若い時分は江戸で遊び人をしていましたが、いまは堅気の蒟蒻屋。たいへん面倒見がよかったので、江戸で食い詰めて、六兵衛を頼って、安中に来る連中は引きも切らずでした。

八五郎もそんな一人で、六兵衛の世話になっていました。ただ、蒟蒻屋になる気は毛頭ありません。そこで、村はずれの空き寺が住職を探していたので、坊主頭の八五郎に白羽の矢が立ち、お経も読めない、にわか坊主になったのです。

しかし、八五郎は生来の怠け者で遊び好き。寺男の権助に、坊主は酒は般若湯《はんにゃとう》、まぐろは赤豆腐、タコは天蓋《てんがい》と称してたしなむことを教えられ、朝から茶碗酒を飲みだしました。

そんなところ、永平寺から来た本物の修行僧が門前に現れて、にわか坊主の八五郎に禅問答をしたいと言います。八五郎には何のことやらわからなかったのですが、権助が言うには、問答に負けると、笠ひとつで寺から追い出されることになるという。八五郎は、住職は不在だと修行僧を追い返そうとしましたが、修行僧は戻ってくるまで何度でも来ると言います。

困った八五郎と権助。権助は、追い出されるのなら故郷の信州丹波島に逃げようと言います。そこで、二人が寺のものを売り払って、路銀にしようとしていたところへ、蒟蒻屋の六兵衛が現れました。事情を聞き、寺のものを売り払うのをやめさせ、六兵衛がにわか住職となって、修行僧の禅問答の相手をすることにしたのです。

翌朝、袈裟姿《けさすがた》の六兵衛に二人が策を尋ねると……問答で何を問われても黙っているという。それでも、修行僧が業を煮やして退散しなければ、角塔婆《かくとうば》で向こうずねを払って、大釜で湯を沸かしておいて、煮え湯をぶっかけて追い払おうとのこと。

いよいよ、本堂で修行僧と偽住職、にわか坊主の問答が始まります。

作戦どおり、何を問われても、六兵衛は何も答えません。

それを無言の荒行だと修行僧は勘違い。両手の親指と人差し指で胸の前に輪をつくり、前へ突き出して、無言で問いかけてきました。それに答えて、六兵衛は両手で大きな輪をつくりました。修行僧は「ははっ」と平伏して、さらに、十本の指を前に突き出して、無言で問い返します。今度は六兵衛は、五本の指をぐっと突き出しました。すると、また修行僧は平伏して、三本の指を立てて前に突き出して……無言の荒行による、問答が繰り返されたのです。

結果、修行僧は六兵衛の無言の答えに感服してしまったのですが、その理由とは？

【方正の落語解読】

『蒟蒻問答』のここが素晴らしい！

不思議な化学反応が起こる実験的な演目

『蒟蒻問答』に登場する、六兵衛と八五郎。蒟蒻屋の六兵衛は六〇歳くらい、六兵衛に世話になっている八五郎は四〇歳くらいの設定ですが、どちらもフラフラしている、いいかげんな人間です。本当でしたら、いいかげんな人間は手痛い目に遭うはずなんですが、何だかうまいこと切り抜けてしまうという物語になっています。

ただ、僕はこの噺のおもしろさはそれだけではないと思います。

お寺は祈りの場所。そして、かつては寺子屋があったように学びの場でもあり、神聖な場所だったわけです。でも、そんなところに六兵衛や八五郎といういいかげんな人間が入り込んで、俗世から離れて孤高に生きる修行僧を平伏、感服させてしまう。そこに人間の妙というか、複雑なところを感じるからです。痛快と言えば痛快、納得できないと言えば納得できません。

ですから、この演目で世渡り上手の人間を演じていると、あんまりいい気分にはなれません。ただ、おもしろいには、おもしろい。そこが落語の奥深いところだと思っています。六兵衛と修行僧の問答は、いまに置き換えて考えてみると、芸人と大学教授の問答になるのかもしれません。

大学教授は真っ正面から相手に向き合っているのに、芸人が適当にさらりとかわしているうちに……結果的に大学教授の心に刺さるところがあって、芸人に感服してしまうというような……。交わらないはずの人間同士が触れ合って、不思議な化学反応が起こるというような実験的な要素のある演目だと僕は思うんです。

『蒟蒻問答』が僕に教えてくれること

『蒟蒻問答』は江戸時代後期の落語家、二代目林家正蔵の作とされます。二代目正蔵は元千住焼き場の僧侶。おそらく、どちらかというと修行僧側の気持ちがわかっていたんだと思います。修行僧は学があるだけに、いろいろと考えすぎてしまう。相手がとんちんかんなことをやっているのに、そこには何らかの意味があるだろう、と勝手に推測する。その対比の構図の視点が本当におもしろいと思うんです。

ただ、『蒟蒻問答』のこの対比の視点には、元ネタがあると言われています。元ネタとされているのは**『三国志演義』**[註]。二世紀から三世紀、中国の後漢末期から三国時代にかけて群雄割拠していた時代を描いた作品です。主要登場人物の劉備《りゅうび》が天下の策士、諸葛孔明《しょかつこうめい》を「三顧の礼」をもって迎えるくだりは有名ですが、このとき、孔明は問答をして、それに答えられたら劉備に従うと言ったんです。

孔明が問答をしたのは、劉備でなく、張飛《ちょうひ》。大酒飲みで乱暴者、知より武の人です。

そして、この問答は『蒟蒻問答』と同じように無言のものだったのです。

孔明が無言で空を指差すと、張飛は地を指差し、片手を前に出すと、両手を前に出しました。さらに、孔明が三本の指で小さな円を描くと、張飛は九本の指で大きな円を描きました……。その結果、孔明は「正解です。約束どおり、従います」と。

でも、その実は……張飛は孔明の問いの意味を全然、わかっていませんでした。たまたま、正解だったというだけです。だけど、その後、劉備の天下統一という大願のために、張飛と孔明はともに戦うことになります。

ともに強く願い、強く祈り、強い意志を持ったんです。

この「蒟蒻問答」という演目はおもしろおかしく、「世のなかにはいろいろな人間がいる」と教えてくれる作品だと僕は考えています。

註

古代中国の三国時代を『三国志（正史）』をもとに描いた歴史通俗小説。歴史書の『正史』と内容は異なり、創作が加えられている。吉川英治『三国志』は『演義』をもとにした長篇小説。漫画『蒼天航路』は『演義』『正史』、両方をベースにしている

第三章
生き方のコツが身につく

八、プレッシャーに打ち勝つために

表情で気持ちも変えられる

落語で身につけた緊張をほぐすコツ

マイナス思考をプラス思考に変える方法

高座に上がるとき、すごく緊張してしまうことがあります。噺を忘れたらどうしよう、ウケなかったらどうしよう、何かアクシデントが起こったらどうしよう……いろんな不安が頭をよぎるときがあるんです。

プラスになる緊張感ならいいんですけれど、そういうときの緊張はマイナスに働いてしまいますよね。僕がそういうときにいつもやっている緊張のほぐし方があります。

それは、舞台袖で笑うということです。がははっと声を出して笑うんじゃないですよ。表情をつくるんです。別に楽しいことも、おもしろいことも何もないんですよ。逆に脳内はネガティブになっているんです。それでも無理矢理に口角を上げて笑います。満面の笑みの表情を意図的につくるんです。そうするとね、脳内がこの表情のほうに引っ張られて、だんだん明るくなってくるんですよ。陰だったものが陽になってくるのです。

もし根多を忘れても、それはそれでなんか笑いが起きればいいか、スベったってそれが経験として自分の糧になるか、と前向きに考えられるようになるんです。すべてのネガティブ材料が、オセロみたいに、くるりとポジティブに裏返っていく。本当に不思議な話なんですが事実なんです。それで僕の緊張はだんだんとほぐれてきます。

これは緊張をほぐすこと以外にも使えます。たとえば、朝起きて、ちょっとしんどい気分のときがあっても、無理矢理口角を上げて笑う表情をつくると、マイナスな気分もプラスに変わります。

ちょっと苦手な人に会うときにも、同じことをしています。自分の気持ちも変えられますし、相手に与える印象もきっと全然、違うと思うんです。

生きるための知恵も落語から学べる

もうひとつ、ポイントがあります。心が笑顔になると、自然と好きな人のことが思い浮かんできます。そして、そのことがつくられた表情を本物にさせていくんだと思うんです。

先日、大きな落語会があったんですが、緊張してきたので舞台袖で笑顔をつくっていたら……嫁や子どもたちのことが思い浮かんできました。そして、家族がみんな、僕を応援している姿が脳裏に浮かび上がってきたのです。

緊張が、一気にほぐれました。これはなぜなのだろうかと考えたんですが、やっぱり、僕は家族には絶対的な信頼を置いている。絶対的に愛している。そして、絶対的に信頼を置かれて、愛されているという自信もあるので、気持ちが落ち着いてくるんでしょうね。ネガティブな感情からポジティブな感情に変わる瞬間でした。

表情を変えるだけで心持ちも変わってくるなんて、僕って、単純な人間なのだと思います。でも、よくよく考えれば、そもそも人間は単純にできているのかもしれません。

無理矢理に口角を上げているだけで、脳みそがその表情に引っ張られて、ポジティブになっていくんですものね。

ある意味、人間は単純なんです。お腹が空けば、グウッと鳴りますし、眠たくなったら欠伸《あくび》が出る。人間単体で考えれば、そんな複雑にできていないのかもしれません。

緊張をほぐす、プレッシャーから逃れると言うと、たいへんなことのように思えます。でも、人間は単純なものだと考えると、方法は単純でいいようにも思えます。

好きな音楽を聴いたりすれば、気持ちが自然体になれます。アスリートたちが競技前、よくヘッドフォンで音楽を聴いているのもそのためだと思います。また、ストレッチやヨガで身体を動かしていると、気持ちが解放される。人間は単純なものと考えて、そういう生理も生かしたほうがいいと思います。

「亀の甲より年の功」「老いたる馬は道を忘れず」

緊張がなく、高座前でも平静というか、自然体でいられることがあります。たとえば、『手水廻し』のように何度も稽古を積んで、高座経験もあり、自分のものにしている演目をかけるときです。そういうときは不安材料が少ないので、緊張しなくて済むんです。

ただ、何度も稽古を積んだ演目でも、初めて高座にかけるときは、少なからず緊張してしまいます。経験のないこと、未知なことにはどうしても身構えてしまい、緊張します。不安は緊張と直結するんですよね。初対面の方と会うときも、不安を感じます。相手がどういう方かわからないので、ああなったらどうしよう、こうなったらどうしよう、ヘンに思われたらどうしようなどと不安を覚える。そうなると、どうしても緊張してしまう。

ただ、例外もあります。初対面でもお年寄りの方と話していると緊張せずに気持ちが落ち着いてきます。テレビロケで素人の方と絡むときでも、年配の方が相手だと安心します。なぜなんでしょう？ やっぱり、年齢を重ねただけの経験、生きるための知恵が身についているからでしょうね。ですから、年配の方は少し話しただけで、相手がどういう人間なのか、だいたいわかる。

そして、場面、場面で適切な表情もつくれますから、そのことが相手に安心感を与えているのかもしれません。「亀の甲より年の功」「老いたる馬は道を忘れず」と言われますが、まさにそのとおりなんです。

落語にはご隠居がよく登場して、生きるための知恵を教えてくれますが、古典落語『看板のピン』はその代表的にして、典型的な演目だと思います。

【方正のあらすじ紹介】

『看板のピン』（かんばんのぴん）

若い衆が集まって、サイコロ博打「ちょぼいち」に興じていました。

「ちょぼ」とはサイコロ、「いち」とは一、サイコロ一個を振って、一から六の出た目を当てるシンプルな博打《ばくち》です。

子は一から六までの数字に金を賭け、親がサイコロを壺に入れて振り出し、子は出た目に賭ければ四倍ほどが配当され、外れれば親のものになります。

最初はみんなでわいわい打っておりましたが、そのうちに親が負け、勝ち逃げも出てきました。残ったのは負け残りばかりで、場が盛り上がらなくなってきました。

そんなところに、昔、親分だったご隠居が現れました。

「おっ、いいところに、博打好きでならした親分がやってきた。耄碌《もうろく》しとるらしいから、むしりとったろう」

若い衆たちは、ご隠居に「まだ博打なんぞをやっとんのか」と説教されたものの、親になってもらうことを懇願しました。

「わしは博打は四〇歳でやめたが、もう六〇歳の還暦や。子どもに還ったつもりで、お前たちの相手をしてやろう」

ご隠居はこう応じ、昔取った杵柄《きねづか》で、鮮やかに壺を振って伏せます。でも、サイコロは壺に入らず、一《ピン》の目が出ていました。

しかし、ご隠居は……。

「勝負は壺の中や。いくらでも、張ってこい。歳をとって、目がかすみ、耳も遠くなったが、まだまだ、お前たちには負けんわい」

壺からサイコロが飛び出していることに気がついていないようすです。みんな色めき立って、あり金すべてを一に張りました。すると、ご隠居は言いました。

「おや、みんなピンかい。そやけど、勝負は壺の中だ。これは看板（＝見せかけ）のピン。勝負は壺の中にある。俺の見立てでは、五の目やな」

壺を上げると、出た目は五！　驚く若い衆たちをご隠居はこう諭しました。

「賭けごとはこういうぐあいに、どんな汚い手を使われるかわからん。これに懲りたら、お前たちも博打にはもう手を出すなよ」

ご隠居は賭け金を若い衆たちに戻して、賭場を去りました。

ところが、そんなことで懲りる若い衆たちではありません。懲りるどころか、同じ手を使って一儲けしようと、別の賭場へ向かう若い衆もいる始末です。

若い衆の一人は別の賭場に出かけていって、むりやり親になります。そして、壺を振るんですが、サイコロは壺からこぼれて、出た目はピン。

さて、ご隠居のように見事にことが運ぶのでしょうか？

【方正の落語解読】

『看板のピン』のここが素晴らしい！

落語のさまざまな魅力が凝縮した演目

「お前さんたちは、壺から出たサイコロに張ったのかい。そんなトンチキな博打はねえ。丁半博打ってのは、壺の中のサイコロの目を張るんだ」

この台詞、『看板のピン』のもののように思えますが、実は違います。

この台詞が登場するのは、勝新太郎さん主演の映画「座頭市」シリーズの第一作『座頭市物語』。主人公の盲目の按摩《あんま》、座頭市が壺を振り、『看板のピン』のようにサイコロを壺の外にこぼすんです。

丁半博打は『看板のピン』の「ちょぼいち」とは違い、二個のサイコロを振って、出た目の合計が丁＝偶数か、半＝奇数かを当てるのですが、それ以外は基本的に同じなんです。『座頭市物語』は最初、子に「看板のピン」に張らせて儲けさせてから、二回目に子からむしりとるという違いもあるんですけれどね。

三〇年以上も前、そんなこともつゆ知らず、この場面を見て、座頭市の啖呵《たんか》の切り方がすごく痛快でおもしろく感じたことを覚えています。

初めて『看板のピン』を聴いたとき、驚きました。時代劇の人気映画にも引用されるほど、やっぱり、落語はおもしろく、わかりやすくて、素晴らしいものなんだ、と。

初めて落語を聴かれる人が多い落語会では、『看板のピン』をよく演るんです。この演目には、さまざまな魅力が詰まっていると思うからです。僕に言わせれば、『看板のピン』は落語のなかの落語、「ザ・落語」なんです。

骨組みがしっかりしていて、落語の醍醐味を満喫できる

『看板のピン』は物語の骨組みがすごくしっかりしています。ストーリーがわかりやすく、それぞれのキャラクターも立っています。それに、ここではあえて種明かしをしませんが、噺の落としどころ、サゲもわかりやすいんです。

噺の途中で、たぶんこうくるだろうなとわかるくらい、ベタなサゲなんですが、そこがいいんです。

落語の演目を演るときは、サゲを含めて、たいがい自分流に手を加えています。自分なりのくすぐりを入れたりするんですが、『看板のピン』には手を加えていません。というか、手を加えられないほど、噺の構造がしっかりしていますからね。

映画「座頭市」シリーズは、全二六作中、何作にもわたり手を替え品を替えて『看板のピン』から引用していますが、それは映画だから許されることだと思うんです。

とくに、あのサゲは絶対、変えてはダメだと思う。落語を聴いている方も、ヘタにサゲを変えたら、カタルシスがなくなると思います。また、骨組みがしっかりしている安心感

がありますから、演者も演っていて、すごく楽しいんです。

この演目の言わんとしていることは、前述のように、年配の方々の経験や生きる知恵は素晴らしいということです。

『看板のピン』には、「亀の甲より年の功」「老いたる馬は道を忘れず」は使われていませんが、落語にはことわざ、故事成語を使っている演目が多いんです。

たとえば、「落ちぶれて　袖に涙のかかる時　人の心の奥ぞ　知らるる」「精出せば　凍る間もなし　水車」（『ねずみ穴』）、「手に取るな　やはり野に置け　蓮華草」（『子別れ』）、「碁敵は　憎さも憎し　懐かしし」（『笠碁』）、「無学者　論に負けず」（『千早振る』）。

例をあげればきりがありませんが、どの演目も噺の流れとうまくリンクして、言わんとしていることが、心に刺さってくるんです。

生きるうえでの知恵を学ぶことができる――こういうところも、落語の醍醐味なんだと思います。

九、ゆとりを持って生きるために

失敗をあまり気に病まない

大切なのは怯《ひる》まないで前へ進むこと

一番恐ろしいことは何もしないこと

噺家になって一〇年。台詞を噛んだり、ど忘れしたり、所作を間違えたり……高座で何度も失敗を繰り返してきました。

ただ、いくら失敗しても、格好をつけて取り繕うことはしません。そのままの月亭方正を見ていただく。高座は生ものですからそれでいいと思っています。するとお客さんたちはその場を共有していますから、空気感もわかっていて、それが笑いに繋がったりする。もちろん、二度と失敗をしないようにしようと心に誓うんですが、一方、噺家にとって、お客さんが笑ってくださることが一番、嬉しいことです。失敗は反省と喜びを味わえるんですから、二度、美味しい。だからといって、あえて失敗することはありませんけどね。

芸人時代も失敗について、よく考えていました。たとえば、何かネタやギャグをやってみて、ウケなかった……これって本当の意味で、失敗なのだろうか、と。

何ごともやってみなければ、わかりませんからね。ウケなかったらウケなかったで、次を考えればいい。それに、なぜウケなかったかを考えることができます。これが受けるネタ、ギャグを考えることにつながっていく。

若手の頃は失敗をして、落ち込む。その連続でした。ただ、ウケなくても、僕は怯《ひる》まなかったんです。

なぜなら、一番恐ろしいことは、「失敗したくないから、何もしないようになること」だと思うからです。

失敗しても、前へ前へ進みたいと思っていた。ウケようが、スベろうが、バットをぶんぶん振り回そうと思っていた——芸人にとって、本当の失敗は、前に進もうとしないこと、何もしないことです。どんどん挑戦していくことが、芸人だと思うからです。

笑いの肝はサービス精神

僕の中で「芸人とはどのような人間か?」という定義があります。

一般的には、芸人はおもしろい人、おもしろいネタを考える人、明るく楽しい人というイメージがあるような気がします。でも、一番大切なことは「その人間の根底に流れているサービス精神」、これを持っていることだと思うんです。

おもしろい人間なんて、世間には星の数ほどいます。だけど、自分のことを二の次に考えて、周りが喜んでくれることを考える。そんなサービス精神を持った人間はあまりいないんです。

自分がピエロになっても、恥ずかしい思いをしても、傷ついても、周りが笑ってくれたり、喜んでくれたら、それでいい。みんなが笑い喜んでいる。その姿を見るのが無常の喜びである。だから、芸人が失敗を恐れたらいけないと思うのもそこなんです。

格好つけてスベるのを嫌がっているようでは芸人ではない。自分がすごく格好悪く見えても、周りが笑ってくれるのなら、それでいい。

それが芸人なんだと思います。

そのことは、噺家も同じ。そういう意味では、僕の中で芸人と噺家は地続きなんです。

『**二人癖**[註]』という上方落語の演目があります。登場人物は酒好きの男とその友人の辰、知恵者である隠居の甚兵衛の三人。癖をめぐって丁々発止を繰り返しますが、彼らは何が起きても怯まず、懲りず、次へ、次へと向かっていきます。

【方正のあらすじ紹介】

『二人癖』（ににんぐせ）

「無くて七癖」と言われますように、人間、誰にでも癖はあるものです。

酒好きの男が友達の辰《たつ》とこんな話をしていました。

「どうも不景気でいかんなぁ。パァーっと呑めるちゅうようなことなんか、ないかいなぁ。一杯呑めるてな話、ないかいなぁ。今晩あたり、呑めるてなぁ」

「またや、またや。まぁ、そこへ座れ。『のめる』『のめる』って悪い癖やで」

「何が？」

「お前、人の顔さえ見たら、『呑めるちゅうてるやないかい』『一杯呑める』『今晩、呑める』って、『のめる』『のめる』って、人間が卑しぃ見えるで」

「そらまぁなぁ、認める。せやけど、お前にかて悪い癖があるで。お前、なんぞ言うたら『つまらん』『つまらん』って言うやろが。『のめる』のほうが景気がええ。『つまらん』はあかん。それこそ、陰気な嫌ぁな気になるで」

「のめる」が口癖の男と「つまらん」が口癖の辰。

お互い、そんな口癖はみっともないからやめようと、もし言ったら、一円の罰金を払うことにしました。男は言います。

「口癖が直ったら、結構なこっちゃ。いくで、この湯飲みをバーンと叩き付けてから、始まりや！」

註

ににんぐせ。『二人ぐせ』とも表記。江戸落語では『のめる』という演題で上演される。ちなみに、『三人癖』『四人癖』（『癖ぞろい』）という演目もある。『三人癖』には人差し指で鼻の下をこする癖、両手で目をこする癖、着物の袖口を引っ張る癖を持つ三人、『四人癖』にはその三人に加えて、拳で掌を打つ癖を持つ者が登場

「ちょい、待ち。おあぁぁ……、割ってまった。何をするねん！　そんなん、手拍子を打ったかて、決められるのに。ほんまに、つまら……」

辰に「つまらん」と言わせようとしたのですが、気づかれてしまいました。

どうしても「つまらん」と辰に言わせたい男。知恵者で知られる、隠居の甚兵衛に相談に行きました。甚兵衛は知恵を絞り、こんな提案をしました。

「辰にこう言ってみ。『田舎の親類から大根を百本もろた。食いきれへんさかい、漬けもんに漬けよぉと思う。家の二斗樽一つに百本の大根、詰まるかな？』。そしたら、『そら詰まらん』と言うやろ。ただ、トン・トン・トンと調子よう持ってかな、見破られるで」

早速、男は辰のもとへ。言われたとおりにしたのですが、トン・トン・トンとはいかず、「入りきらん」「底が抜ける」と言われて、切り抜けられてしまいました。

それどころか……。

「今日はお前の相手してられへんねん。兄貴んとこ、家、増築してたやろ、それができあがって、祝いに呼ばれてんねやがな」

「兄貴とこの祝い！　一杯、のめるな」

逆に、一円を巻き上げられてしまいました。悔しくて仕方がない男。仕返しをしなくては夜も眠れないと、再び甚兵衛を訪ねます。甚兵衛は辰が将棋好きと聞いて、秘策を編み出しました。絶対、詰まない詰将棋です。

「角が一枚あるさかい、詰まりそうに見えるけど、誰がやってもでけへんねん。せやけど、ああでもないこうでもないと考えて、こらあかんという顔をした時分に『どや、詰まるかな?』と持っていくねん。きっと『こら、詰まらん』と言うで」

はたして男は、辰にリベンジできるのでしょうか?

【方正の落語解読】

『二人癖』のここが素晴らしい!

サービス精神にあふれる登場人物たち

『二人癖』は滑稽噺。上演時間は一五分ほどで頃合いもよく、好きな演目の一つです。

この噺が好きなのは、優しい気持ちになれるからです。
おもしろい人間に触れて楽しい気分になれる『手水廻し』、憧れの武士の気分になれる『井戸の茶碗』、人間はいつの時代も変わらないとしみじみ思う『子別れ』など、好きな演目はたくさんあります。それぞれ演った後、聴いた後に思うことはありますが、この『二人癖』は気持ちがほっこりします。

登場人物たちは、みんなサービス精神にあふれていて、こんなに優しい気持ちになれる根多はそうそうありません。

『二人癖』では「のめる」の男は名無しですが、江戸落語での演題『**のめる**[註]』の二人は**熊五郎と八五郎**[註]。対称的なキャラクターで、酒好きで粗忽者《そこつもの》の熊五郎におっちょこちょいで喧嘩っ早い八五郎。絶妙なこのコンビは落語をご存じの方にはお馴染みでしょう。『のめる』がこの二人とわかって、僕も熊五郎と八五郎を少し意識して演るようになりました。
二人はお互いの口癖に難癖をつけて、お互いにカチンとくる。口癖を言ってしまったら

註

『二人癖』と『のめる』のように内容は同じでも、上方落語と江戸落語で演題が違う噺は数多い。上方落語から江戸落語へ移植された演目として、『阿弥陀池』（江戸落語では『新聞記事』）、『高津の富』（同『宿屋の富』）、『宿屋仇』（同『宿屋の仇討』）、その逆の演目として『酢豆腐』（上方落語では『ちりとてちん』）、『花見の仇討』（同『桜の宮』）、『反魂香』（同『高尾』）などがある

罰金を払うという賭けをします。

そして、お互い、口癖を言わせようとする。

しみじみと言いたいことが伝わるオチ

「のめる」の男が最初に仕掛けますが、あえなく失敗。甚兵衛の知恵を借りて、再挑戦しますが、あえなく辰の返り討ちに遭います。そのやりとりだけでも十分おもしろいのですが、そのままでは終わりません。ここからが『二人癖』のすごいところで、再び甚兵衛の手の込んだ知恵を借りて、リベンジしようとします。その結果……。

ネタバレになるんですが、この噺のオチは辰の次の台詞です。

「それで差し引きやがな」

註

八五郎は「八っつぁん」「がらっ八」、熊五郎は「熊さん」と呼ばれる。単独で登場することが多く、同時登場する演目は『のめる』の他に『粗忽長屋』『あくび指南』など。いかにも江戸っ子な二人だが、上方落語にも登場する演目はある。ただ、上方落語で二人に似た役どころを担うのは、喜六と清八。喜六がうっかり者の「ボケ」、清八がしっかり者の「ツッコミ」だが、喜六は江戸落語の「与太郎」にあたる「アホ」役でもある。喜六は「喜ぃさん」「喜ぃ公」、清八は「清やん」と呼ばれる。二人が登場する代表的な演目は、『野崎詣り』『無いもん買い』『七度狐』など。なお、喜六と清八は江戸落語には登場しない

「つまらん」の辰が引き分けに持ち込むんです。本当は仲のいい二人、お互い損しないように配慮して、ほぼプラスマイナスゼロにする。噺にもサービス精神があるんです。

ただ、初めてこの演目を聴いたとき、正直、最後の場面はいらないのではないかと思いました。勝ち負けがはっきりしたほうが、わかりやすくて、おもしろいと考えたからです。それに、リズムも多少、悪くなります。

ところが、聴き込むうちに、演り込むうちに、「そうか!」とわかった。

引き分けが正解だったんです。伏線がオチで回収されて、この噺が言いたいことがしみじみと伝わってくるんです。それは……まず、この賭け勝負は二人にとってゲームなので、一回、負けても次の勝負に挑む。失敗しても、前へ進もうとする。

また、相手にカチンときたとはいえ、友達なんだから、騙し討ちのようなことをしてまで、勝敗をつけることはよくない――そういう気持ちが「それで差し引きやがな」というオチに凝縮されているんです。

だから、心に響く。優しさの詰まった噺……。

僕はこの演目、このサゲが大好きなんです。

十、行き詰まりを打開するために

諦めずにものごとに取り組む

落語の神様もいると思うんです

神様からのプレゼント

二〇代半ばを過ぎた頃、ピアノを弾けるようになりたくなって、一生懸命、レッスンしていたことがあります。初めの一年くらいは先生について教わっていたのですが、運指《うんし》などの基本がわかってからは、我流で練習をするようになりました。レッスンをやめたのは仕事も忙しくなってきたし、演奏家になりたかったわけでもないですからね。

何とかそれなりに弾けるようになってから、どうしても演奏したい曲がありました。モーツァルトの『トルコ行進曲』、正式には「ピアノ・ソナタ第一一番　イ長調　K・三三一」の第三楽章だそうです。テンポが速いうえに、オクターブで弾いたり、オクターブを交えた和音もありますので、ピアノ初級者にはなかなかむずかしい曲なんです。

なかでも曲の途中の、右手で「♪チャッ、チャッ」と弾いた後、左手で「♪ドゥルン」と弾くところがむずかしかった。文章では伝えづらく、この曲をよく知っている方や、ピアノをたしなまれている方はわかると思うんですが、とにかく、とくに左手の「♪ドゥルン」が何遍、練習してもうまくいかなかったんです。

ところが、諦めずに毎日、こつこつ練習を続けていると……なぜだか、左手の「♪ドゥルン」が弾けるようになっていたんです。

一日目、全然弾けない。練習する。

二日目、変わらず全然弾けない。練習する。

三日目、弾けない。練習する。

そして次の日です。

「♪ドゥルン」が弾けるようになっているんです。

前の日まではまったく弾けなかったのに、「♪ドゥルン」を、気持ちよく出せるようになっていました。コツをつかんだというか、そういう瞬間が訪れたんです。

この現象を神様からのプレゼントやと僕は思ってます。ダンスでどうしてもうまくできなかったステップが、ある日突然できるようになる、仕事の難題への解決策が突然、思い浮かぶ……みなさんのなかにも、こういう経験をされたことがある方も多いと思います。それは神様がプレゼントをくれたんですよ。

日々、生きることとは、努力を続ける、頑張ることだと考えています。僕の理想はそれが特別なことではなく、普段の日常のこと、普通のことになることです。そうすることで、神様がプレゼントをくれるのだと思いますから。

努力や頑張りは特別なことではない

落語を演っていると、神様からプレゼントをもらえていると感じることがよくあるんです。立て板に水のように、半端でない量の台詞を続けることを落語界で〝タテ弁〟と言うんですが、『山崎屋』という演目はタテ弁が多くて、むずかしい。だけど毎日、ひたむきに稽古を続けていたら、あるときを境にして、トントントンと言えるようになりました。トントンと言葉が出てくるようになると、次は台詞に感情が乗っかってきます。

稽古を重ねれば重ねるほど、どんどん感情が乗っていって、あるときを境に、登場人物に血が通いだして、勝手に動いて喋りだすんです。頭で進行を考える前に、もう会話してるんですね。僕の身体も会話に合わせて自然と動きだすんです。頭で会話していたものが、心で会話しだす感覚と言いましょうか。その状態になったときに、「あぁ、落語の神様がプレゼントをくれたんだな」と思います。僕の落語会に足を運んでくださるお客さんが増えていったり、落語会の会場がだんだんと大きくなっていったり、落語をする僕を褒めていただけるのも、落語の神様がプレゼントをくれたと。

これは落語だけではなく日常生活のなかでも同じだと思います。日本には八百万《やおよろず》の神様がいると言われてますが、僕らの生き方を見てるんだと思います。毎日をきちんと生きていれば、何ごとも諦めずに続けていれば、ちゃんと見ていてくれる。

ただ、自分が努力している、頑張っていることを神様に見せようとするのは、そういう考え方自体が違いますよね。本末転倒だと思います。プレゼント目当ての努力、頑張りになってしまうので、本来の努力、頑張りでなくなってしまうからです。

「日本には八百万の神さんがいます」で始まる演目があります。落語作家の**小佐田定雄**[註]先生が桂枝雀師匠のために書き下ろした新作落語『貧乏神』。演題どおり、登場する神様は神様でも貧乏の神様です。日本にはいろんな神様がいますね。

【方正のあらすじ紹介】

『貧乏神』（びんぼうがみ）

とんでもなくダメな男がいました。何度も嫁さんに逃げられていましたが、またもや嫁さんが逃げ出しました。

心配した家主さんが訪ねてきて、その理由を聞くと……。

「朝、わては寝てたんです。ほんなら、枕元へ嫁が座りよって、こう言う。『いつ

註

一九五二年、大阪府生まれ。二代目桂枝雀のために書き下ろした『幽霊の辻』でデビュー、大阪で落語作家を専業としている。関西学院大学法学部卒業。妻のくまざわあかねも落語作家。、代表作に『雨乞い源兵衛』『ロボットしずかちゃん』などまで寝てはんねん。はやいこと起きて、仕事に行きなはれ』。こんな大胆なこと言うんでっせ」

「嫁はんとして当たり前のことや」

「頭が痛かったんでね。そう言うたら、『何を甘えてはんねん。ぐずぐず言わんと、仕事に行きなはれ』って、かぶってる布団をはがして」

「一日やそこら、骨休めちゅうことは当たり前やな。それは嫁はんがいかんな」

「今日一日だけのことなら……昨日はお腹、一昨日は腰が痛い言うてね。まあ、ふた月ほど、仕事に行かなんだ。その間、嫁は手内職をしてたが、家賃も払えん。それで、あちこちから、銭を借りて……」

日々の生活のために、あちこちで二五銭を借りてるという。半端な額だけに、相手も催促してこないというのが、その男のもくろみだったのです。あげくのはてには……。

「大家さん。二五銭、貸してもらえまへんか？」

大家さんは「その神経。わたしはおまはんという人間、好っきゃねん。家賃さえ入れてくれたらな……」と言うと、帰っていきました。

男はその後、眠ってしまったのですが、目が醒めると枕元に、ガリガリに痩せた汚い爺さんが座っていました。聞けば、貧乏神とのことです。

「絵で見たとおりやな。ところで、二五銭、貸してくれへん」

「そんなことを言わず、精を出して働けや」

「貧乏神の台詞やないな」

「貧乏神とは金のあるヤツから、栄養分を吸って貧乏にするんや。そやさかい、お前も働けや」

「わては貧乏でええねん。それに、一生懸命働いても、あんたがここにいる間は、貧乏なんやろう。同じ貧乏なら、働かんわい」

おもしろい男がいたものです。質屋から仕事道具を出すお金を、貧乏神から借りてしまいました。ただ、仕事に行ったのは三日ほど。大雨だから何だのと理由をつけ、ぶらぶらしてました。貧乏神はこのままだと共倒れになると、掃除や洗濯などの家事をこなし、爪楊枝削りの内職や近所から洗濯を請け負い、仕事も始めました。

ひと月ほど経ったある日のこと。男のところへ友達が訪ねてきて、お酒を飲もうという話になったのですが、二人ともお金がない。そこで、貧乏神の頭陀袋《ずだぶくろ》から、お金をちょろまかしました。貧乏神はそれに気づいて……。

「しもた、やられた！　これに手を付けるようじゃ、もうあいつはあかん。こんな生活をしていたら、どっちが貧乏神やわからへんがな。こんな家、もう出よ」

戻ってきた男に、貧乏神は家を出ることを伝えました。

すると、男は貧乏神にとんでもないことを言い始めて……。

【方正の落語解読】『貧乏神』のここが素晴らしい！

落語は「善」「悪」の二元論では語れない

貧乏神というと、誰もが取り憑《つ》かれたくないと思いますよね。

ところが、このダメ男は開き直っていて、取り憑かれても全然、気にしない。貧乏神は貧乏神で、そんな男を好ましく思っています。少しネタバレになるんですが、ラスト近くで貧乏神はこう言うんです。

「ここにいても、お前のためにもならんと思うし、出ていくことにする。ただ、わいはどこ行ったたって嫌われるもんや。そんなわいとひと月も嫌がりもせんと、一緒におってくれたんやから、ほんまに嬉しいと思うてる。でも、心を鬼にしてわいは出ていく。身体だけは気いつけえや。もう世話する者もないねんよってな。わいがおったら世話したるけど、世話する者もないねん。疫病神や死神には、なるたけ取り憑かんように言うとくわ」

『貧乏神』は新作落語ですが、古典落語でも落語に登場する貧乏神、疫病神、死神は一般的なイメージと違って、〝善人〟のときもあります。そもそも、八百万の神様の多くは「善」の存在なんですが、貧乏神、疫病神、死神のように「悪」の存在である神様がいることもおもしろいところです。

これはどうしてなのかと考えてみると神様は人間の外側にいるのではなく、内面にもいるものだからだと思うんです。人間の中には「善」もあれば、「悪」もある。

なので、悪い神もいて、不思議ではないんです。

だけど、「悪」も絶対的な「悪」ではないんです。善悪の二元論ではなくて、色で言うなら「善」が「白」、「悪」が「黒」というだけではなくて、どちらにも「灰色」があるという感じでしょうか？　そういうことを、落語はうまく表現していると思うんです。『貧乏神』に出てくるダメ男にしても、大家さんや貧乏神に好かれるくらいだから、チャーミングなんです。何人もの嫁さんに逃げられていますが、何人もの嫁さんが来るくらいだから、きっと男としての魅力にもあふれているわけです。

ダメ男と貧乏神は夫婦のような関係!?

『貧乏神』を僕が演るとき、すごく意識していることがあります。

それは、貧乏神をものすごくかわいらしくすることです。なぜなのかというと……『貧乏神』のダメ男と貧乏神は、僕の中では夫婦のイメージだからです。

もちろん、ダメ男は人間、貧乏神は神様、ダメ男も貧乏神も男なんですけれど、ダメ男にとって、貧乏神は女房みたいな存在だったという。

ですから、噺のなかで、ダメ男が貧乏神を「貧ちゃん」というかわいらしい愛称で呼んでいることにして、演じています。そんな僕の解釈の貧乏神は、独特だと思っています。

みなさん、ぜひ生で僕の貧乏神、貧ちゃんを観に来てください。

十一、自分らしく生きるために

奇を衒《てら》わないで生きる

平均のど真ん中はすごい

平均の人は意外といない

最近、〝平均〟について、よく考えるんです。落語は平凡な人たちが主人公。市井に生きる人や人情を描く芸術、演芸とされますが、平均という考え方でアプローチしてみると、どうなのかと考えているんです。

実際、統計をとって、平均値を求めることもできます。

たとえば、日本人の三〇代男性の平均身長は一七一・五センチメートル、平均体重は六九・二キログラムです（厚生労働省「平成二六年　国民健康・栄養調査報告」）。

ただ、あなたの周りに、平均身長、平均体重の人はいますか？　他人の身長、体重を聞いて回るような無粋なことはしませんが、僕の周りで身長一七一・五センチメートル、体重六九・二キログラムの人はいない気がします。知り合いでなくても、仕事やプライベートで会ったり、街を歩いていても、平均身長で平均体重の人はあまりいないように思えます。

普通に考えてみると、平均は普通、平凡、真ん中というイメージです。結構、人数もいるんだろうなと思うんですが、実際に平均身長で平均体重の人はあまりいない。そう考えると、おもしろいことが見えてくる気がするんです。

平均とはバランスが取れていること

平均を示す数値として、平均値以外に、偏差値があります。青春時代、勉強に身が入らなかった僕にとって、あまりいい記憶がない言葉ですが、偏差値とは平均値からの偏り、ずれの度合いを数値化したものです。

たとえば、身長でも平均が一七一センチメートルでしたら、身長一七一センチメートルが偏差値五〇になり、平均より高い身長ならば偏差値は五一以上に上がっていき、それより低ければ偏差値は五〇未満に下がっていきます。

また、学校教育での五段階評価もかつては**相対評価**[註]が一般的でした。「五・四・三・二・一」の割合は順に一〇％、二〇％、四〇％、二〇％、一〇％というように決まっていて、評価されます。偏差値は五〇、五段階評価は三が平均であり、ボリュームゾーンですが……。

このように、頭の良さも数値化できる部分はありますが、人間としての頭の良さを数値化するのはむずかしいと思います。

でも、他人を気持ち良くさせる術《すべ》を知っているとか、人が嫌がることはしない、言わないとか、空気を読めるとか、言いたいことの伝え方がうまいとか、言葉をよく知っているとか……。この組み合わせが人間力の高さにつながると思うんです。

僕の考える平均とは、そういう組み合わせのバランスが取れている状態のことです。振

註

相対評価は成績順に評価を割り振ればいいので評価がしやすいが、地域や学校によって偏りがでるというデメリットもある。そのため、現在では、個々の学習達成度を目安にして評価する絶対評価が一般化している

り子にたとえるならば、ど真ん中にいて、左右どちらにも振れる状態、一番遊びがある状態、一番軸がしっかりしていてブレない状態のことです。

だから、僕は平均って凄いことなんだと思うんです。人間の平均を考えた場合、外見だけでなく、内面もあります。たとえば、平均的な行動。社会生活を営むうえで、「こういう場面では、こうしたほうがいい」ということがあります。

いわゆる、道徳です。道徳を考えていくと、これもバランスなんですよ。場面場面のバランス、人と人とのバランス、そこから平均的な行動が生まれてくると思うんです。

平均は素晴らしく幸せな状態

ですから、平均ってすごいと思う。平均は美しく、素晴らしく幸せな状態だと僕は思います。そして、落語に触れるようになって、その思いを深めるようになりました。

落語に登場する人々のなかには、ど真ん中にバランスが取れている人間がいます。せっかちな人、のんびりな人。欲深い人、欲のない人……。いろんな住人が、落語の世界で生活しています。そんななか、大家さんであったり、ご隠居であったり、お武家さまであったり、僕の言う平均のど真ん中の人も出てくるんです。

そして、その人たちは人生の指標を示してくれたり、知恵をくれたり、適切なアドバイスをしてくれます。そのため、落語の世界の住人である熊五郎や八五郎などによる突拍子もない言動が、自然と笑いに昇華されていくところがある。さらに、現実の生活のなかでも使える処世術として学べるところもあるんです。

平均と言えば、その名も平均《たいらひとし》という主人公が大活躍する映画があります。喜劇人として尊敬してやまない植木等さん主演の**『ニッポン無責任時代』**[註]。高度経済成長期、持ち前の調子のよさと明るさで出世していくサラリーマンの姿を描いていますが、その行動や考え方は平均ではありません。でも、バランスが取れているんです。

「♪おれは　この世で一番　無責任と言われた男」という主題歌の歌詞そのまま、無責任なんですけれど、空気の読み方とか、他人を気持ちよくさせる術をよく知っている。

落語で言うと、八五郎的なキャラクターでもありますし、そういう意味では、僕に言わ

註
一九六二年に公開。同年末に『ニッポン無責任野郎』が姉妹編として公開。平均が主人公の作品はこの二作だが、植木等ほかクレイジーキャッツ主演の「クレイジー映画」シリーズは一九七一年公開の『日本一のショック男』まで三〇作が制作された

せれば平均なところもあるんです。

『ニッポン無責任時代』は落語のようなファンタジーなんです。

江戸落語『厩火事《うまや》』もファンタジー。夫婦愛を描いた名作ですが、この噺の主人公、お咲さんから、僕は平均の意味をいろいろ考えさせてもらっています。


【方正のあらすじ紹介】

『厩火事』（うまやかじ）

髪結いのお咲。亭主の半公とは七つ違いの姉さん女房で、所帯を持って八年になります。この夫婦は普段から喧嘩が絶えません。

そこで、お咲が仲人の旦那のところへ相談に行って、愚痴をこぼしていると、旦那からこう言われます。

「女房に稼がせて自分一人酒を飲んでいるヤツはロクなもんやない。縁がなかったと思って、別れてしまえ」

お咲は打って変わって、亭主をかばいだします。

「そんなに言わなくてもいいじゃないですか。あんな優しい人はいない。あんなにいい人はいません」

しまいには、ノロケ出す始末。本音は、愛想が尽きたわけではなかったんです。呆れた旦那。亭主の本当の了見《りょうけん》を知るために、二つの話をお咲にします。

一つは唐土《もろこし》の孔子の話。

孔子が旅に出ている間、厩から火が出て、かわいがっていた白馬が焼け死んでしまいました。使用人たちは、どれほどのお叱りを受けるかと真っ青になっていましたが、戻ってきた孔子は愛馬のことは聞かず、こう言いました。

「家のものに怪我はなかったか?」

それほど大切に思ってくださるのかと、使用人たちは一同、感服したという。

二つめは、瀬戸物に凝っている京都の屋敷のさる旦那の話。

「猿の旦那さまで?」

「猿ではない。名前が言えないから、さる旦那や」

こんなやりとりもありまして、さる旦那は購入した珍しい皿を客に披露したんですが、女房がしまおうとしていたところ、階段で転んでしまいました。

「皿は大丈夫か？　皿、皿、皿、皿、皿………」

さる旦那が女房にかけたのはこの一言だけ。怪我の心配など一切、ありません。女房は里へ帰り、こんな薄情な旦那にかわいい娘を嫁がせておくわけにはいかないと、離縁されることになりました。

そして、さる旦那は一生寂しく独身で過ごしたそうです。

「お前の亭主が孔子さまか、京都の旦那か、半公が大切にしているものをわざと壊して確かめてみろ。京都の旦那のほうなら望みはない、別れてしまえ」

こうアドバイスされました。

家に戻ったお咲。半公が瀬戸物の茶碗を大切にしていたことを思い出し、台所でわざとすべって転んでみました。すると……。

「どこも、怪我はなかったか？」

「まぁ、嬉しい。さる《猿》やなくて、唐土のほうや」

ところが、半公がお咲を案じた理由とは……。

【方正の落語解読】
『悋火事』のここが素晴らしい！

主人公のお咲に感じる魅力

『悋火事』は主人公、お咲のこんな台詞から始まります。

「兄さん、ちょっと聞いておくんなはれな」

この台詞、本当に大好きなんです。すごく、女性らしさを感じる。現代でも「ねぇ、ちょっと聞いてよ」と話しかけてくる女性はいますが、とてもチャーミングだと僕は思う。

この演目は江戸時代の文化年間、一九世紀初めから上演されていたそうですが、やっぱり、人間は変わらないんだなと思います。ここに描かれた夫婦愛は胸に迫るものがある。

男性の在り方、女性の在り方、夫婦の在り方は時代、時代によって変わっていくものなんでしょうけれど、変わらないものもあります。女性は女性らしく、男性は男性らしく、夫婦は夫婦らしくというものがあるんだと思う。それが僕に言わせると平均なんですが、主人公のお咲はそういう女性らしい女性、まさに平均であると思うんです。そういうふうに考えてみると、僕の言う平均とは〝本質〟に近いものなのかもしれません。

別の言葉で言えば、〝らしさ〟ですね。

やっぱり、僕は、男性らしい男性、女性らしい女性が好きです。子どもは、子どもらしい子どもがかわいい。

落語国の人々の平均的な暮らし

『厩火事』には、一日の何時間かのできごとが描かれています。

特別なことではなく、普通な日常、平均的な日常です。

上方落語の巨星、[註]**三代目桂米朝**師匠。師匠が描こうとしたのは、平凡な人たちの日常、それを「落語国」と呼んでいました。師匠はこんな言葉を遺されています。

「こんな人が町内にいたらみなが助かるとか、世の中はもっとよくなるだろう……と思われる人はたくさん落語国にいます」

『厩火事』は江戸落語ですが、それは同じこと。そして、この演目には、平凡、平均が見事なまでに、リアルに描かれていると思うんです。

女性はこんなことを、よく言います。

「私に本当のことを教えて！　あなたが浮気をしたとか、そんなことは気にしない。本当のことを知りたいの。浮気をしたならしたで、正直に話して！」

正直に浮気を白状すると、めちゃくちゃキレられます。こういういさかいがうちの夫婦でもあった、とは言いませんが、こういうことが女性の平均的なところかなぁと思うんです。こんなことを言ってると、嫁に怒られてしまいそうですが……。うちの嫁も平均的なんですよね。

「兄さん、ちょっと聞いておくんなはれな」

ですから、『屁火事』のこの台詞を口にすると、優しい気分になってきます。

註

一九二五年生まれ、二〇一五年没。戦後、存亡の危機だった落語を復興させたため、「上方落語中興の祖」とされる。学究肌で埋もれた上方噺を発掘、一三〇以上の持ちネタがあった。一九九六年に落語界二人目、上方落語界初の人間国宝認定、二〇〇九年には演芸界初の文化勲章を受章。月亭方正の師匠、月亭八方は二代目桂小米朝（月亭可朝）の弟子。米朝一門の流れを汲む

第四章 他人に優しくなれる

SONY

十二、本当の実力を身につけるために

優れた先達たちから学ぶ

伝統芸能を受け継ぐことへの矜持

伝承芸であるからこそその落語の素晴らしさ

三九歳の頃、東野幸治さんに落語を勧められたとき、僕はこう答えていました。

「すみません。伝統芸能は僕のやりたいことと違うと思います」

いまから思うと、赤面するばかりです。伝統芸能は芸を師匠から弟子が引き継いで、弟子はその弟子に伝えていく。だからこそ、落語は素晴らしいんです。

漫才の場合、いまでこそ音源や映像として、後世に残すことができますが、基本的にその芸は一代限りのものです。

立川志の輔[註]**師匠、桂ざこば師匠、桂文珍師匠、笑福亭鶴瓶師匠、桂雀々師匠、三遊亭王楽師匠、古今亭文菊師匠**……前述のように、八方師匠以外にも、錚々たる師匠の方々に稽古をつけていただいています。

ただ、師匠たちに根多そのものを教えてもらっているわけではありません。根多自体を覚えるのは、台本や音源、映像でもできますからね。

古典落語は伝統芸能なんですが、先人たちと同じようには演りません。

師匠たちとまったく同じに演ったらものまねにしかなりませんし、ヘタすると、劣化コピーになってしまう。

註

立川志の輔は一九五四年生まれ。明治大学落研出身。二九歳で七代目立川談志へ入門、七年後の一九九〇年に落語立川流真打昇進。桂ざこばは一九四七年生まれ。中学卒業の一九六三年に三代目桂米朝へ入門。一九八八年に二代目桂ざこばを襲名。二〇一七年に芸術選奨文部科学大臣賞受賞。桂文珍は一九四八年生まれ。大阪産業大学在学中、五代目桂文枝へ入門。タレントとして人気を得たが、現在は高座を中心に活動を続けている。笑福亭鶴瓶は一九五一年生まれ。京都産業大学中退。一九七二年に六代目笑福亭松鶴へ入門。近年は落語家活動にも力を入れている。桂雀々は一六二ページ註参照。三遊亭王楽は一九七七年生まれ。駒澤大学卒業。二〇〇一年に五代目三遊亭圓楽へ入門。父の好楽も五代目圓楽の弟子。二〇〇九年に真打昇進。古今亭文菊は一九七九年生まれ。学習院大学卒業。二〇〇二年に古今亭圓菊へ入門。二〇一二年に真打昇進自分なりの**マクラ**[註]や**クスグリ**[註]などを入れて、オリジナルなところがある方正流の噺にしていきたいんです。

場合によっては、自分の言いたいことがより伝わるように、改作をすることもあります。そのために、師匠たちに稽古をつけていただいているんです。

師匠たちの十八番から学びたい理由

噺家としての基本的なことは、もちろん、月亭八方師匠に稽古をつけていただいています。懇切ていねいに教えてくださり、師匠にはいくら感謝しても感謝しきれないんですが、浮気をするように他の師匠に稽古をつけていただいているのは……繰り返しになりますが、四十路で落語に飛び込んだので、僕には残された時間がなく、なるだけはやく一人前になりたかったからです。

註

マクラは本題の前に述べる導入部、クスグリは本筋とは関係ない駄洒落やギャグ、内輪ネタのこと。どちらも演目や台詞と関連する、ときどきの話題の人やニュース、トピックスを入れ込み、観客の興味を惹くできるだけはやく、いろいろな演目を自分のものにしたかった。

八方師匠がそんな僕のわがままを聞いてくださっているから、実現しているのですが、他の師匠たちが、それぞれの得意な根多をパーフェクトにご自分のものにされている、その秘密を知りたかったんです。真っ正面から向き合って、師匠たちの熱い思いがこもった演目の解釈をうかがう。さらに、師匠によって間やテンポが全然違うのは、テクニックでもあるんですが、そうでない部分も大きい。

噺家として滲《にじ》み出てくるものとして、目の前で確かめたかった。頭でなく、身体で師匠たちからの稽古を受けたいと思っているんです。

自分もいずれ、弟子をとりたいと思っています。噺家としての務めだと思いますし、師匠たちから稽古をつけていただいているうちに、その思いが強くなっています。

稽古は、㊀師匠に演目を演じていただく、㊁自分なりにその演目を頭に入れる、㊂その演目を師匠の前で演る。これが基本的な流れです。

集中するのは㊀と㊁、そして緊張するのは㊂ですが、どの師匠も㊂のときは目を瞑って、聴いていらっしゃるんです。たぶん、聴かれているだけでなく、僕の所作や表情を薄目でチェックされているんだと思います。でも、目を瞑っている体《てい》でおられる。

誰一人、まじまじと僕を見ることはありません。

これは、相手に気を遣わせないために、気を遣っていないと思わせる気の遣い方をされているると思うんです。

ややこしい言い方をしましたが、要するに僕が緊張しないように、素晴らしい配慮をしてくださっているという、心遣いなんです。

これが芸人です。

これが噺家なんです。

僕が芸人さんを尊敬している理由の一つです。

上方噺**『鼻ねじ』**註は「ハメモノ入り」の代表的な演目。三味線や鳴り物が入る「ハメモノ入り」は上方落語独特のもので、華やかな趣《おもむき》があります。

この根多を受け継ぐことに僕は上方落語家としての矜持を持ち、後世にも伝えていきたいと思っています。

註

『鼻捻じ』とも表記。『隣の桜』という演題もある。上方落語のみで上演

【方正のあらすじ紹介】

『鼻ねじ』（はなねじ）

桜が満開の春の日。

丹波屋の大旦那は庭で見頃の桜を眺めていました。

すると、隣の家の塀沿いで花びらが舞い落ちています。

桜の散る時期ではないはずと見ると、隣の漢学の学者先生が桜の枝を折っているようす。腹を立てた大旦那は、丁稚《でっち》の定吉を呼びつけます。

「またや、またやがな。ほんまに、もう。また呼んでんがな。ここの家《うち》ほど人使いの荒い家ないなあ。朝から晩まで『定吉、定吉』って、人使わな損のように思てんがな」

定吉はそうぼやきながら、大旦那のもとへ向かいますと……。

「隣の学者先生にこう言うてこい。『こんにちわ、結構なお天気さんでございます。

わたくしは隣家からまいりました。罪咎《つみとが》のない桜、なぜお折りになりました? 入用《いりよう》なれば、隣家様のことゆえ、根引きにしてでも差し上げます。無沙汰で折るとはその意を得ません。落花狼藉《らっかろうぜき》でございます。あなた様も『子の曰く《しのたまわ》』の一つもお学びになった方に似合わぬ仕儀《しぎ》でございます。ご返事をください』」

ところが、いくら教えても、定吉はその口上をちゃんと覚えられません。

「まぁ、早い話、『桜の枝折りくさって。このド盗人め!』てなもんじゃがな」

「ほな、初めからそない言うたらよろしいがな」

「ところが、相手が学者じゃよって、ちょっと捻《ね》じってやりますのじゃ」

まともに覚えられぬまま、隣家に向かう定吉。

案の定、伝わりません。

「何のことやら、さっぱりわからんなあ」

「そらわからんわ。捻じられてるもん。早い話が、『桜の枝折りくさって、このド盗人め』。こない言うてまんねん」

「はっはっ。何かと思えばそのようなこと。『あの裏の高塀は隣家と拙宅とのこれ境界線である。塀越しに隣の庭へ出た花は捻じよが手折《たお》ろが、こちら任せ』。帰って主《あるじ》にこう申せ」

定吉が戻って、学者先生の言葉を伝えると、大旦那は怒り心頭。どうにも腹の虫がおさまりません。

知恵者の番頭を呼んで、仕返しする方法を相談したところ……。

番頭は一計を案じて、親類縁者や長屋の連中、出入りの職人たちに花見の宴の案内を出して、塀のあちこちに節穴《ふしあな》を開けました。

花見の日。芸者衆も呼んで、桜の下で三味線太鼓の大宴会。隣の学者先生はあまりのやかましさに読書どころではなく、塀の節穴から覗くと、芸者たちが肌もあらわに踊っているのが見えます。

食い入るように覗いていますと、節穴が塞がれました。

別の節穴から覗くと、また塞がれ、また別の穴から覗いてみると、またまた塞がれて……。番頭の指示で、次々と定吉が節穴を塞いでいたのです。

依怙地《いこじ》になった学者先生は、塀に梯子《はしご》を掛けて、身を乗り出しました。

待ってましたとばかりに、番頭が学者先生にしたこととは……。

【方正の落語解読】
『鼻ねじ』のここが素晴らしい！

トン・トン・トンというテンポのタテ弁

『鼻ねじ』は**桂雀々**[註]師匠に稽古をつけていただきました。

落語を始めて二年ほど経った二〇一〇年、そのときの自分の状況として、どんな演目にすればいいのかと師匠に相談したところ……。

「『鼻ねじ』がええんとちゃう?」と言ってくださいました。『鼻ねじ』は丁稚と大旦那のやりとりなど、雀々師匠流のテンポとリズムが素晴らしい噺です。そんな演目の稽古をつ

註

一九六〇年八月九日、大阪府生まれ。一七歳の一九七七年、桂枝雀に入門。パワーみなぎる爆笑落語で人気を呼ぶが、人情噺にも定評がある。現在は東京を拠点に活動している

けていただけるなんて、恐縮、感動したことを鮮明に覚えています。

いまになると、『鼻ねじ』のようなリズム、テンポをつくっていく演目が落語を始めた頃にはいいという、アドバイスも込められていたと思います。師匠にはこの噺の稽古をつけていただくなか、〝間〟や〝テンポ〟の勘どころを学ばせてもらいました。その〝間〟〝テンポ〟を他の演目でも生かさせていただいているんです。

この噺は、大旦那と丁稚の定吉の会話がトン・トン・トンというリズムで進むところがおもしろい。

なかなか口上を覚えられない定吉に、大旦那がやきもきしながら教え込もうとする。二人ともあまり考えないで、口先でものを言っています。

ダ・ダ・ダーッと早口で捲《まく》したてるわけではないので、そのタテ弁のぐあいがむずかしいんです。定吉と大旦那の気持ちを織り込みながら、トン・トン・トンというテンポのタテ弁で、少年らしい少年、大旦那らしい大旦那を造形していく。二人のキャラクターを立たせていくんです。

稽古をつけていただいてから八年。雀々師匠の名人技には全然、及びませんが、少しは近づけた手応えも感じているところです。

落語のエッセンスが詰まった演目

落語を知らない方から、「ちょっと落語やってみて」と頼まれることがよくあります。

それこそクルマの中とか、空いた時間が多いんですが、そういうときに僕は『鼻ねじ』のさわりをやるんです。

「定吉……、定吉はおりまへんかな？　定吉ッ！」

「またや、またやがな。ほんまに、もう。また呼んでんがな」

冒頭から、いかにも上方落語っぽいですからね。

みなさん、納得してくださいます。

一方、二〇一四年三月に開催した、東京・草月ホールでの「月亭方正　根多おろしの会〜志の輔師匠にお稽古つけて頂きましたの巻〜」でのこと。

このときの根多下ろしは志の輔師匠が稽古をつけてくださった『井戸の茶碗』でしたが、せっかくなので、上方落語っぽい演目も演りたくて、大阪からお囃子まで呼んで、『鼻ねじ』も演りました。

ところが……あんまりウケなかったんです。

志の輔師匠は終演後、アドバイスをくださいました。

「策士の番頭が登場するところからがこのお噺の肝と考えてやるのもおもしろいよ。オチに向けて、番頭がどういうふうに策を練るのか、どういうふうな動きをするのか、もっとていねいに演ったらまた違う角度からのお噺ができるかもしれないですよ」

なるほど、と思って、番頭の登場以降を練り直すことにしました。はやく完成させて、近いうちにみなさんに披露したいと考えています。

春夏秋冬、季節の移り変わりは情緒あるものです。

落語には季節の情緒が採り入れられている噺が多いんですが、『鼻ねじ』は春の代表的な演目です。

桜の花が咲く光景、楽しく、にぎやかな花見が脳裏に浮かんでくる。

さらに、『鼻ねじ』は花見の宴の場面でハメモノが入る。

派手で陽気な演出は、まさにザ・上方落語。

演っていて、楽しくなる演目なんです。

末広亭

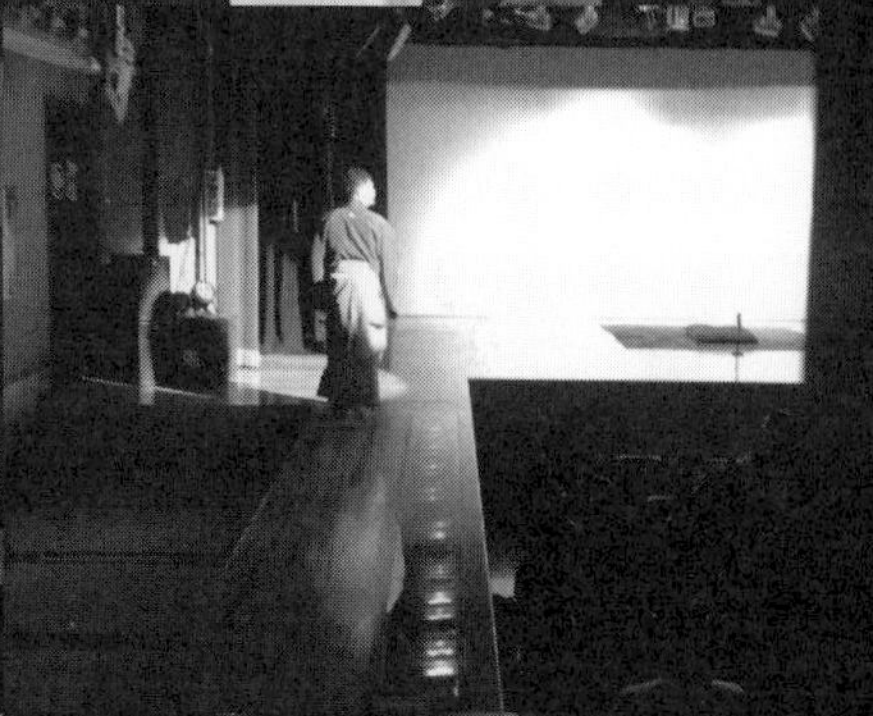

十三、後々、後悔しないために

自分に嘘をつかない

自分に正直に生きていきたい

小さな嘘には効用もあるが……


小学校高学年くらいの頃から、考えていたことがあります。

もし人間が嘘をつかないで生きていけたなら、後悔しない人生を送れるんではないだろうか、と。その頃から、嘘をつかないように生きていこうと思っていました。

とはいえ、現実としては、他人に小さな嘘をついてしまったりします。馬鹿正直にものごとを言うと、波風が立ちますし、小さな嘘には人間関係に角を立たせないという効用も

あるからです。友人や恋人、夫婦、親子、仕事相手……直言居士《ちょくげんこじ》よろしく、思ったこと、嘘のないことばかりを言っていたら、周りから煙たがられてしまいます。そのことで逆に、気遣いをしなければならないことも増えてしまったりするわけですからね。

僕がここで言っている嘘は、他人へのものではなく「自分に対して嘘はつかない」という意味なんです。これは言葉で言うと簡単に聞こえますが、すごくむずかしい。自分の嘘は自分が一番わかっていますからね。

それゆえに実行するのがむずかしいんだと思います。本当はこうせなあかんってわかっているけど、自分をごまかしてしまう。

現実はそういうことの連続です。ですが、ここぞというときに大事なのは、自分に嘘をつかずに正直に生きるということだと思います。

これは本当にたいへんなことです。

たいへんなんですけど、それを実行することで良い人生を送れる気がします。

たとえば、結婚相手として、二人の候補がいたとします。二人とも自分のことを好いてくれて、それぞれに魅力があります。ただ、一人は実家が金持ちですけれど、もう一人は中流だとします。そういうときに、どうするか？

やはり、自分の感情に素直に従ったほうがいい。きっと遺産が入るなとか、でも玉の輿婚・逆玉婚と言われるのはイヤだなとか、そういう邪《よこしま》な考えは除いて、自分に嘘をつかないことが一番だと思うんです。

結婚は一生のパートナー選びになるわけですから、そんなに単純ではないのはわかります。たとえ相手が大好きでも、育った環境や価値観、性格や相性が合わないと、結婚は破綻してしまいます。もし、それらの違いが大きく、あまりにも相性が合わなくても乗り越えられるほどの愛情があるかどうか、自分を問い詰めて、嘘をつかない選択をしたほうがいいと思うんです。

そうしないと、絶対に後々、後悔すると僕は思います。だけど自分に正直になって選択したのであれば、結果がどうあれ後悔はしません。つまり間違った選択はしないということです。これは大事なことだと思います。

迷ったときは自らにきちんと問いかける

僕は職業柄、仕事の打ち上げが多いんですが、その打ち上げの席に参加すると、よく二次会に誘われます。昔はとことん付き合っていましたが、いまは二次会にはあまり参加しなくなってきました。なぜ行かないのか。それは自分の時間をなるべく確保しようとするようになってきたからです。ですからやんわりと断る。

でも、それでもと誘ってもらうと、自分が必要とされているのかなと感じてやはり嬉しい。ここから頭の中で自問自答が始まります。

「明日は仕事が早いし、やらないといけないことも一杯あるし、家族と過ごす時間も欲しいし……、でも、みんなは僕が来てくれたほうが盛り上がると言ってくれているし、もしかするとその打ち上げで次の仕事に繋がる何かがあるかもしれない……」

いろんなことを天秤にかけます。

本当はわかっているんです。

いまは二次会に行く余裕なんてない。自分にはやるべきことがある。家に帰って落語のマクラをつくらないといけないし、新作落語も考えないといけない。

だから最終的には、自分に嘘をつかず、今日は帰ろうと二次会を断ることになる。

とはいえ、これを読んでいる方の中でも、そうは言っても自分にはできないなと思う方もいるかもしれません。仕事関係の二次会ですから、当然付き合いがあるし、周りの人に嫌われたくはないし、ノリが悪いとも思われたくない。出世にもつながるでしょうと。

確かに自分の気持ちに正直になって意思を貫くのは、この現代社会ではなかなかたいへんなことですよね。

でも、僕はこう考えるようになりました。

自分に嘘はつかないということを大事にして生きていこうとするのなら、周りの目を気にせずに二次会を断れるような自分になればいいんだと。

そのレベルまで自分を持っていったらいい。自分に正直であるためにそれができる自分になろう。それを目標にするからこそ、日々を頑張れる気がします。

自分に嘘をつかない自分になるために頑張る。

「商人《あきんど》の空値《そらね》」「商人の元値《もとね》」ということわざ

嘘も方便——目的を達成するためには少々の嘘もしょうがないということわざは自分自身に使うものではないように思います。やはり外に向かって発せられるもの、とくに商売なんかではそういう嘘は必須になるでしょうね。

「商人《あきんど》の嘘は神もお許し」ということわざがあります。「商売上の駆け引きで嘘をつくことは、神様も仕方ないとお許しくださる」という意味ですが、もちろん、商売だからといって、何でもかんでも嘘をついていいということではありません。

廃棄カツ横流しや偽ブランド品の販売、消費期限・賞味期限・産地・原材料の偽装などは違法行為ですが、後を絶ちません。こんな嘘は商人としてのプライドがまったくなく、自分に嘘をついた典型例だと思います。

「商人の空値」「商人の元値」[註]ともことわざに言われるように、商売人が駆け引きのなかで嘘をつくことは、買う側もわかっているんです。

つまり、言っていることが嘘とわかっている。また、商売人の駆け引きのなかの嘘は、自分に嘘をついているほどではないことも、みんなわかっている。

上方落語『猫の茶碗』は「商人の空値」がモチーフ。江戸落語では『猫の皿』として演じられていますが、この演目では駆け引きでの嘘が鮮やかに描かれているんです。

註
「商人の空値」は商人が駆け引きしてつける値段は信用できないこと、「商人の元値」は計算高い商人の言う元値は本当かどうかわからないこと

【方正のあらすじ紹介】

『猫の茶碗』（ねこのちゃわん）

骨董の仲買商である端師[註]は大阪で掘り出しものが見つからなくなったので、地方をずっと回っていました。たいした収穫もない田舎からの帰り道、茶店で休憩をとって、のどかな風景を眺めていると、猫が床机《しょうぎ》の下でごはんを食べていることに気がつきました。

よく見ますと、猫の茶碗は、絵高麗梅鉢《えごうらいうめばち》の茶碗！ どエライお宝でした。茶店の亭主はそんなお宝とは知らずに、猫の皿にしていると思った端師。なんとか絵高麗梅鉢の茶碗を自分のものにしようともくろみます。

茶店の亭主に「毛が付きます」と言われながらも、猫が寄ってくると、「猫が好

註

はたし。店舗を持たず、行商などをしている古物商。高価なものを安価で買い取り、高く売りつけることが商売。端師（はした師）を略した、蔑称でもある。果師、他師、機師とも表記される

きやねん」と端師は毛並みを愛しそうに撫でながら、こう言います。

「嫁はんが猫好きで、かわいがってたが、この前、死んでしもうた。旅の土産にこのかわいらしい猫、もろて帰られへんか？　これ、かつおぶし代や」

無理矢理にお金を渡しまして、猫を連れて帰ろうとします。

「大阪へ帰る途中やさかい、宿屋で猫に、ごはんやらなあかん。そんで、この茶碗もついでにいただけまへんやろか？」

「猫の茶碗でしたら、ここにええのがあります」

「いや、これでええ。普段、食べ慣れてるほうがええやろう」

「いや、割れてんのはいかんでしょう。こっちの茶碗がええです。それに、これは差し上げるわけにはまいりまへん。相当なお宝、絵高麗梅鉢の茶碗ですねん」

「もうええわ。わいは本当は猫が嫌いや。でも、そんな値打ちもんの茶碗で、何で猫にごはんを食べさせてんねん？」

亭主はなぜお宝の茶碗を、猫の茶碗に使っていたのでしょうか？

端師が驚いた、その理由とは？

【方正の落語解読】
『猫の茶碗』のここが素晴らしい！

言いたいことが凝縮されている

『猫の茶碗』は上演時間十数分ほどの短い演目。長めのマクラを入れている噺家さんもいらっしゃいますが、僕の演る『猫の茶碗』は一〇分足らずと、かなり短めなんです。それは、落語家になって間もない時期に覚えたこともあるんですが、それ以上に、噺の骨子をくっきりと見せたいという思いが強いからです。

登場人物は端師と茶屋の亭主の二人。端師は地方でお宝を見つけて、持ち主を言葉巧みに騙し、安値で買い叩く。そして、それを金持ちの骨董コレクターに高値で売りつけるという悪どい商売をしている輩《やから》です。

かなり悪質ですけれど、まあ、「商人の空値」のひとつなんでしょうが、間違いなく、自分に嘘をついています。

骨董の目利きではあるので、持ち主とウィンウィンの関係になって、きちんとした商売もすることができるわけですからね。

そんな端師を茶屋の亭主は手玉にとる。

それが、オチ（サゲ）の一言で見事に決まるんです。落語初心者にもわかりやすい、本当に鮮やかなオチなんですよ。

『猫の茶碗』を僕が初めて聴いたとき、爽快というか、痛快な気分になりました。自分が演るときも、そういうふうに伝えたい。ですから、削ぎ落としすぎかもしれないくらいに削ぎ落として、なるたけシンプルなかたちにしようとしています。

方正版『猫の茶碗』は、この噺の言いたいこと、「嘘をついてはいけない」ということを真っ芯でとらえて、伝えていきたいんです。

落語と猫はベストマッチング

古典落語には、猫がよく登場します。『猫』『仔猫』『猫定《ねこさだ》』『猫久《ねこきゅう》』『猫忠《ねこただ》』『猫屏風《ねこびょうぶ》』『釜猫』『猫の災難』『猫退治』『猫の恩返し』『猫の忠信』『猫怪談』……。一方、犬が題名についている噺は、『元犬』『鴻池《こうのいけ》の犬』『犬の目』**『犬の災難』**[註]くらいなんです。

この『猫の茶碗』でも、やっぱり、注目すべきキャラクターは猫です。犬では、この演目の作品世界がうまく広がっていかない。

平安貴族が溺愛していたように猫には高貴なイメージがありますから、絵高麗梅鉢の茶碗を使っていても、おかしくありません。犬のように音を立てて、ごはんを食べませんからね。猫の毛が着物に付くとか、腕の中で丸まって懐いているとか、爪で引っ掻くという場面なども含めて、『猫の茶碗』では猫というキャラクターが存分に生かされているんです。

一方、化け猫が登場する物語が数多くあるように、猫は化けたりして、妖しげな生き物でもあります。サゲの場面で茶店の亭主と猫が結託してたんではないかとも思わせる効果もあって、とても収まりがいいんですよ。

註

明治後期から昭和期に活躍した、五代目古今亭志ん生が『猫の災難』の猫を犬にして改作した演目。猫より犬が好きだったからだとも言われる。ちなみに、五代目志ん生は碁ができず、将棋好きだったので『笠碁』を『雨の将棋』に改作した。

十四、友達と正しく向き合うために

会えない時間も大切にする

落語から人間もわかってくる

落語に出逢ったことのマイナス要素とは？

生まれ育った地元、兵庫県西宮市には四〇年来の親友が三人います。小学校高学年から高校まで一緒、青春時代をともに過ごした、気心の知れた仲間たちです。社会に出てからも、年に数回は地元で集まってお酒を飲みながら近況を報告したりと、楽しい時間を過ごしています――そのときに話すことは他愛のないことばかりです。

「中学の修学旅行のあの事件、覚えてる？　枕投げしてるのを見つかって、夜中に旅館の廊下で四人揃って、正座させられたよな」

「中二のとき、下校のときに買い食いしてパンを食べながら歩いてたら、先生に見つかって『校則違反や』って、いきなりビンタされたよな」

「お前、あの娘のこと、めっちゃ好きやったよな。告白してフラれたけど。まあ、結局、俺と付き合ったんやけど……」

毎回、同じような話をして、盛り上がります。

あのときはああやったな、このときはこうやったなと、思春期、青春時代の思い出話に花が咲きます。ところが、ここ五、六年は……あまり、地元の西宮市に戻って、仲間たちと会わなくなりました。二〇一三年に東京から関西に戻ったにもかかわらず、会う頻度は低くなったんです。

落語に出逢って一〇年、落語が僕の人生にとてつもなくたくさんのことをもたらしてくれました。それが本書を書くきっかけにもなったんですが、落語に出逢う前、テレビの仕事がメインだった頃は、精神的にグラグラでした。

日々の仕事に一喜一憂、正直、その日はうまくいっても、次の日はうまくできる自信もありませんでした。考えてみると、どこか半端な〝芸〟しか持っていなくて、自分はどんな芸道を進んでいくべきなのか、よくわからなかったから、心がどこか落ち着かなかった。

落語を始めてからは気持ちも落ち着いていますし、いろいろなことを学ばせてきてもらいました。落語をしていると、自然と古典落語という先達たちが考えた根多をいただくことになります。そうすると感謝の気持ちが自ずと芽生える。そして次第に周りの人や物に対しても感謝するようになっていきました。すべてのベクトルがプラスに向いていく。

そう考えると、落語は自分にとってプラスにしか働いていないのですが……強いてマイナス要素をあげるなら、親友三人をはじめ、友達や知人と会う時間が極端に少なくなったことかもしれません。

落語で友達のことが深くわかってくる!?

旧友三人と昔ほど会わなくなった理由は……四〇代になっていたことも大きかったと思います。みんなそれぞれ、仕事も忙しく、家族と過ごす時間も大切にしなければならない。社会でも責任のある立場で仕事をしています。

お互い親友、かけがえのない仲間なんですが、いまを生きるために精一杯で、以前のように時間の余裕がないんです。四〇代とは、そういう年代なのかもしれません。

もともと、僕は社交的な人間です。仲間と飲みに行くのが好きですし、仕事の打ち上げにも喜んで参加していましたが、最近はようすが変わってきました。

飲み会や打ち上げでお酒を飲むと、その日一日が終わってしまう。そのことが、もったいない気がするようになってきたのです。できるだけお酒は控えて、早く家や宿泊先に戻って、落語を演ったり、聴いたり、雑学の勉強をしたいなと思うようになったんです。

もちろん、元々が社交好きですから、人と会いたい、人と喋りたいんです。でも、落語をしていると、そういう欲求はどこか満たされてくるんです。

なぜなんでしょうか？

それは、落語のなかに、人間のドラマがあるからだと思います。

落語では、いろいろな噺に、いろいろな人間が登場してきます。おじいちゃんもいれば、おばあちゃんもいて、男友達も若い女性もいて、子どももいる。落語を演っていると、彼ら落語の住人たちと出逢い、いろいろな話をする。

この感覚は、僕にとって地元の親友たちと話しているときの感覚と同じなんです。地元の友達と集まって楽しく飲んで喋る、落語の住人たちと集まってわいわい話す。この二つによって満たされる僕の脳の部分はどうも一緒のようです。

前述の修学旅行での思い出や好きな子の話なんて、まさに落語の根多みたいなものですよね。端から聞いたら「君たち、またその話してるの?」と言われそうな、何度も繰り返し聞いた話。でも、それが楽しいんですよ。

これってまさしく「落語」なんだと思うんです。落語という空想の中で人と会って話しているのと、実際に人と会って話している違いはありますが、結局人に会いたいという欲求は、落語を演ることでどこか満たされていくんです。

そして、落語を演ったり、聴いたり、観たりしていると、逆に実際の友人や知人の姿が思い浮かぶこともあります。その人たちとのさまざまなエピソードが脳裏に浮かんできます。そして、たくさんの友人、知人に会って、話をしているような感覚になるんです。

落語の登場人物の人柄、ストーリー、エピソードから、「あのとき、あいつはこんな気持ちやったんやろうな」「もしかしたら、僕の言ったことを誤解してたかもしれない」「やっぱり、あいつはええヤツやな」……さまざまなことを考えます。

みなさんも落語を聞いていて、そんな気持ちになったことがあるんじゃないでしょうか？　友人、知人の顔やエピソードが頭に思い浮かんでくると、愛しい気持ちになってくると思います。そういうことで、落語を媒介にして、その人のことが一段、深いところでわかってくるような気がするんです。

古典落語『山崎屋』は遊郭を舞台にした廓噺《くるわ》ですが、登場人物の性格が僕の地元の親友たちにとても似ているんです。旦那、番頭、若旦那を、地元の親友と僕に当てはめながらこの噺を演じています。この噺を演った後は親友のことを思い出して、心がほっこりするんです。

【方正のあらすじ紹介】

『山崎屋』（やまざきや）

日本橋横山町の鼈甲《べっこう》問屋・山崎屋の若旦那、幸太郎はたいへんな道楽者。吉原の花魁《おいらん》に入れあげて、お金を湯水のように使い、父親の大旦那からは勘当寸前でした。そんなある日、幸太郎は番頭の九兵衛に三〇両を融通してほしいと頼み込みました。

九兵衛は呆れて即座に断りますが、幸太郎はニヤニヤ笑いながら言います。

「親父の金をごまかして、回してくれればいい。今回が初めてでもあるまい。小綺麗な家に年増の女を囲ってるが、その金はどうしたんや？」

九兵衛はごまかそうとしますが、幸太郎が自分の足で突き止めた証拠を突きつけると、観念して、若旦那に協力することにしました。そして、三〇両の使い道を聞くと、惚れ抜いた花魁のためだとのこと。そこで、こんなやりとり……。

「その花魁と夫婦《めおと》になれたら、お道楽はやめますか？」

「当たり前や。惚れた同士が結ばれたら、頼まれたって道楽なんぞできるか」

「それならば、あたしが骨を折ることにいたしましょう」

「そんな甘いこと、親父が承知するわけがない」

一笑に付す幸太郎に、九兵衛はある筋書きを伝えました。

しばらくの間、幸太郎はおとなしくしていました。一方、九兵衛はどこからか都合した金で花魁を身請けして、町内の鳶頭《とびがしら》の家へ預けました。鳶頭のおかみさんに廓言葉を直してもらい、針仕事を仕込んでもらうためです。

そして、大晦日。掛取りに行くのはいつもは番頭の仕事ですが、九兵衛は、手が離せないから若旦那に行ってもらえないかと、大旦那に相談しました。

「あんなのに大金を持たせたら、すぐに使ってしまう」

「そこが試しで、また道楽をするようなら、末の見込みはございません。それならそれで、若旦那をご勘当なさいませ」

そこで、幸太郎は掛取りに行きましたが、賭け金は鳶頭に預け、店に戻ると、「すみません。落としました」と。大旦那は怒り心頭、幸太郎を勘当しようとしますが、筋書きどおりに鳶頭が駆け込んできて、山崎屋の財布を拾ったと届けに来ました。

九兵衛は大旦那自ら、鳶頭にお礼に行くべきだとすすめました。もちろん、これも筋書きどおりです。鳶頭の家にいる花魁をおかみさんの妹で長いこと屋敷奉公していたという触れ込みで紹介。持参金千両ほどがあり、どこかに縁づかせたいところと水を向ければ、欲にかられた大旦那は、若旦那の嫁に欲しいと言い出すに違いないということです。

実際、大旦那は一目で花魁が気に入り、めでたく幸太郎と夫婦になりました。大旦那は家督を幸太郎に譲って隠居。ある日、元花魁の嫁が隠居先を訪ねると……。

【方正の落語解読】
『山崎屋』のここが素晴らしい！

若旦那の台詞で一瞬にして、場の空気が変わる

『山崎屋』は江戸落語の定番。月亭方正と名前を変えても、本名は山崎ですから、どうしても演りたくて……日本橋横山町を船場伏見町、吉原遊郭を新町の太夫に変えるなどして、僕なりに上方に直して、演っているんです。

この演目は僕が持っている根多のなかでも一番、台本が分厚いんです。尺自体は『ねずみ穴』と同じ四五分ほどなんですが、台詞が半端なく多い。登場人物も多いですし、台詞をカットしてしまうと、この噺の良さ、言わんとしていることが伝わらなくなってしまいます。

また、若旦那の長い回想シーンがあるんですが、タテ弁で一人語りをしなければならないんです。

このタテ弁は長時間ですから、お客さんが噺を見失いがちです。そうならないように神経を集中させて、演っています。ここに噺のおもしろみがありますし、お客さんの心のつかみどころですからね。

覚えるのが本当にたいへんなんです。

最初に高座にかけたときは、三日前からお腹が痛くなって……。夜中に目が覚めて稽古しては寝落ちして、早朝に目が覚めて、また稽古するという。そこまでして、入れた根多ですので、思い入れも深いものがあります。

この噺の見どころは若旦那のタテ弁ですが、もうひとつ。番頭の九兵衛は「石橋の上で転んで頭をぶつければ橋のほうが痛がる」「一〇の歳からご奉公して、塵《ちり》っ端《ぱ》ひとつ自侭《じまま》にしたことはない」と自他共に認めていたのに、店のお金をごまかして、年増女を囲っていた。そのことを〝道楽者〟の若旦那の幸太郎が追及する場面が、すごくおもしろいんです。

「でもなぁ、知らんかった。あんな、ええ女の人、おてかけさんにするやなんて、どこのどなたなんですか？　『よく知りまへんが、船場は伏見町、鼈甲問屋の山崎屋の九兵衛という男の人が……』と聞いたんやけど。あっ、おい、番頭！　番頭！　どこ行くの？」

この若旦那の台詞で場の空気は大きく変わります。

そこがすごく痛快です。

道楽者の若旦那と堅物《かたぶつ》の番頭の立場が逆転する、というか、同類になる。

九兵衛が惚れた女のためにどんなふうにお金を都合していたのはかわかりませんが、若旦那と花魁のために、筋書きを立てます。落語に登場する番頭は策士で頭がいいことが多いんですが、まさにそのとおりです。

道楽者の若旦那の魅力的なキャラクター

そして、道楽者の若旦那、幸太郎。破天荒な道楽者なんですが、やっぱり、憎めない、愛すべきキャラクターなんです。

お金の使い方も一途です。一人の花魁に入れ込んで、父親に勘当になりそうなくらい、お金を湯水のように使ってしまう。

でも、いろんなところに女をつくったり、人を裏切ったり、嫌な想いをさせて遊んでいるわけではありません。

「この女が好きなんだ！」と心底惚れて、相手が花魁だったから、結果として、莫大な額を使ってしまったわけです。

自分で言うのも何ですが、僕は意外と真面目なので、幸太郎と真逆の性格。現在のお金で言うと、何百万円もの大金を数日で散財するなんて絶対、できません。だけど、『山崎屋』を演っていると、幸太郎が自分のなかに入ってくることがあるんです。

すると、自分とは真逆と思える幸太郎の気持ちと、なぜかシンクロしてくる。湯水のようにお金は使いませんでしたが、嫁と出会ったときの思いが蘇ってくる。幸太郎の花魁への思いがわかってくるんです。

やがて、ふと自分に戻ると、幸太郎が地元の親友たちに見えてくる。

それで、ヤツらと恋愛や金遣いの話をしているような感覚になってくるんです。

前述したように、最初に高座にかけたときは、ひどく緊張していたんですが、いまは噺が入ってきたので、そんなことを楽しむ余裕が少しできてきています。

落語を聴いたり、観たりするときにも、そういう感覚になることがあるんです。

みなさんにも落語を聞きながら、家族や友人、近しい人を思い出してもらう――そんな感覚を楽しめるような落語が演れるように、これからも精進していきたいと思います。

十五、自由な発想をするために

ときには常識でものを考えない

子どもたちから教えられること

子どもが生まれた瞬間、感じた至上の幸福

僕には三人の子どもがいます。この春、長女は高校一年、次女は中学三年、長男は幼稚園の年長になりました。子どもたちの成長を見ていると、やっぱり、感慨深いものがあります。三人とも立ち会い出産をしたんですが、誕生の瞬間、世界がゴールドにコーティングをされたようにキラキラ輝いているように見えました。子どもたちは光り輝いていましたし、周りもきらめいていたんです。

嬉しくて、嬉しくて、心が晴れるというか、至上の幸福感を味わいました。細胞までが喜んでいるという気分になりました。そんな無上の喜びを三度も経験させてもらったんですが、でも、なんでこんなに嬉しいんだろうかと、考えてみたんです。

子どもの誕生は単純に嬉しいことですが、それは細胞レベルでの喜びではないかと思うんです。生物のDNAには種族保存本能が植えつけられているそうなので、本能が満たされれば、嬉しい。それに、僕の肉体はやがて朽ち果てていきますが、遺伝子、DNAは子どもたちに残っていきます。僕の子どもも子どもをつくり、未来の子孫へとつながっていく。このことは、僕の遺伝子の中に眠っているご先祖たちも喜んでると思うんです。

この世で一番おもしろいのは子どもである

一〇年前の家族旅行のときのことです。長女が初めて飛行機に乗ったんですが、当時、六歳だったので、耳抜きができなかったんです。

「パパ、耳が痛い、耳が痛い」

「鼻を押さえてプーしてみ？」

耳抜きのコツを教えてみたんですが、なかなかうまくいかない。そうしたら、彼女、どうしたと思いますか？　なんと、自分のリュックサックからバンドエイドを取り出して、両耳にピタっと貼りつけたんです。僕も嫁も大爆笑しましたが、しぐさもかわいらしかったし、痛いところにはバンドエイドを貼ればいいという発想もおもしろい。

もうひとつ。これは嫁から聞いた話なんですが、次女が五歳のときのことです。

近所の友達の家へよく遊びに行ってたんですが、お菓子やら小物やらをよくもらってきていました。でも、あるとき、次女はその家で何かをもらったことを嫁に報告しなかった。それで、嫁はものをもらったときはちゃんと言いなさいと次女を叱ったそうなんです。

そうしたら……後日、またその家に遊びに行っていた次女を嫁が迎えに行くと、玄関から出てきて、開口一番、こう叫んだそうなんです。

「ママ。今日は何にも、もらわなかった」

嫁は赤面の至り。その家のお母さんに謝りながら、逃げるように帰ったそうです。その話を聞いた僕は大爆笑です。嫁は次女にどう説明していいかわからなくて悩んでましたが、本当に子どもはおもしろい。何より、素直で純真無垢ですからね。

大人になると、どうしても常識にとらわれてしまい、気遣いや忖度《そんたく》をしてしまう。それはそれで仕方がないことですが、自由な発想ができなくなってしまう。

ですから、三人の子どもたちを見ていると、教わることも多いんです。

おもしろいこと、楽しいことは、自由な発想から生まれてくると思うからです。

それに、そのおもしろい子どもたちは自分のＤＮＡ、遺伝子を引き継いでいるんだから、より嬉しい。ある意味、自分の原点を見ているような感覚にもなりますしね。

古典落語『子別れ』は、虎吉という少年のそういう素直、純真無垢さがきらりと光る演目。おもしろくて、かわいらしい虎吉のやることなすことが胸を衝《つ》き、泣かせる噺です。

【方正のあらすじ紹介】
『子別れ』（こわかれ）

八月のある日。大工の親方、熊五郎は茶室を普請しているお店《たな》の番頭と木材選びのため、木場に向かっていました。道すがら、過去の過ちのため、女房のお咲と息子の虎吉が家を出てしまったことを番頭に話していたら……偶然にも、虎吉と出くわし立ち話を始めます。

「今度のおとっつぁんは、おまえをかわいがってくれるか?」

「おとっつぁんは、一人しかいない」

「俺は先《せん》のおとっつぁんや。新しいおとっつぁんがいるやろう?」

「そんなわからない道理はあらへん。子どもが先にできて、親が後からできるのは芋《いも》ぐらいや」

ぐうの音も出ない熊五郎に、虎吉はこう続けます。

「おかあちゃんはいつも、おとっつぁんのことを話してるよ。『お酒を飲んで魔が差したけれど、本当はいい人なんや』って。おとっつぁんに未練があんねんな」

「生意気なこと、言いやがって。おとっつぁんも酒を断ったし、一人で稼いでるんや」

お咲は再婚話に耳も貸さず、母子二人、仕立ての針仕事や洗い物の手伝いでつましく暮らしているという。やましさで胸がいっぱいになった熊五郎は、虎吉に詫びながら、小遣いに五〇銭銀貨をあげて、鰻をご馳走するから次の日も会おうと約束します。別れ際、「会ったことは、おかあちゃんには内緒やで」と伝えて……。

家に帰った虎吉。針仕事の手伝いをしていると、お咲に五〇銭銀貨を持っているのを見つかってしまいます。貧乏暮らしには、五〇銭も大金。どうして、五〇銭も持っているのか、悪い了見を出して盗んだのではないかと、虎吉はお咲に問い詰められます。

「知らないおじさんにもらったんや」

熊五郎との約束もあり、こう答える虎吉。

しかし、お咲は納得しません。

「本当のことを言わんと、**玄翁**[註]で叩くで」

そう言われた虎吉は、泣きながら、熊五郎と会ったことを白状します。

お咲は熊五郎が改心したことを知って、喜びます。

次の日。お咲は虎吉に一張羅《いっちょうら》を着せて送り出しましたが、いても立ってもいられなくなって、鰻屋へと向かいます。

註

げんのう。大きな金槌（かなづち）。頭部の両端が尖っておらず、片側が平らで片側がわずかに凸状。のみを叩いたり、釘や鎹（かすがい）を打つ、叩くための大工道具として、もっとも長い歴史を持つとされる。「玄翁」と表記されることもある虎吉は熊五郎と鰻を食べていますと、お咲が店先を行ったり来たりしているのを見つけました。虎吉に座敷へ引き入れられたお咲は、熊五郎と再会。ですが、二人とも照れてしまって、他人行儀です。

「お咲……さん」

「お久しぶりでございます」

「ほんまやな……」

熊五郎、お咲、虎吉は、また一つ屋根の下で暮らすことができるのでしょうか？

【方正の落語解読】

『子別れ』のここが素晴らしい！

普遍性が描かれていて、作品強度が高い演目

『子別れ』は人情噺の大根多です。

もともと**上**[註]**・中・下の三部作**ですが、僕は『子別れ』下をメインに演っているんです。下は『子は鎹《かすがい》』として上演される一つの演目なので、「子は鎹」の意味の説明を必ず入れるようにしています。

「みなさん、ご存じやと思いますけど、昔の人は『子は鎹』といいことを言っていました。鎹というのは、二つの木材をつなぎとめるために打ち込むコの字状の釘でございます。子どもは夫婦の仲をつなぎとめる、まさに鎹のようなものということわざでして……」

ここに、『子別れ』の魅力が込められていると思うんです。肝があると思います。『子別れ』下の『子は鎹』には、言ってみれば、親子関係の普遍性が描かれているんです。

五〇銭銀貨が登場するように、この演目の時代設定は明治初期です。しかし、ベースに親子関係の普遍性がきちんと描かれているから、多少、手を加えれば、現代にも江戸時代

註

『子別れ』は通常、中の後半から下が上演される。さらに、上は『こわ飯の女郎買い』、下は『子は鎹』（初代三遊亭圓朝が母が家を出て、父が子供と暮らすように改作したため、三遊派は『女の子別れ』）として、独立して演じられる。上・中のあらすじは——山谷の隠居の弔いで酒を飲み、いい心持ちになった熊五郎。「女房にうまいものを食わせて、子どもにましな着物でも買ってやれ」と周りから意見されるが、精進落としと称して吉原に向かう。女郎屋では強飯の煮しめがフンドシに染み込んだとかで大騒ぎ。他所の女郎屋で馴染みだった遊女と意気投合、四日も居続ける。一文無しで家に帰るが、女房には言い訳ばかりで、遊女とのノロケ話まで始める始末。女房はあきれ果て、息子を連れて家を出た。熊五郎は凝りずに遊女を家に引っ張り込むが、その女は朝寝、昼酒三昧で家事は一切しない。そこで熊五郎は初めて目が覚めて、仕事に精を出すようになったが……

にも舞台を置き換えることができる。というか、飛鳥時代や奈良時代にして〝古代落語〟にすることもできるし、未来・近未来にして〝未来落語〟にもできます。

この演目に描かれる普遍性は、時代だけではなく、空間も超えています。欧米、アジア、中南米、オセアニア、アフリカ……地域に合わせて少し変えれば、世界中、どこで演じても通用すると思います。これは、この演目のものすごいところです。どなたにも共感していただけるわけですからね。

泣きどころ、笑いどころに妙味がある

僕のことを言うと、この演目と出逢って一〇年間、長女や次女が小学校へ入学した頃、長男が産まれた頃、子育てをめぐり嫁と喧嘩していた頃、長女が受験で悩んでいた頃……そのときどきで、受けとめ方が微妙に変わって、泣きどころ、笑いどころが違うんです。

また、この噺を演るときにぐっときて、泣いてしまう三つのポイントがあります。毎回、すべてのポイントで泣くわけでなく、今日は二つ目のポイントだったな、今日は三つ目のポイントだったなと、そのときどきの心理状態でポイントは変わる。ただ、そのポイント

三つは変わらない。それは、大人の持つ常識や気遣い、忖度を超越したものであり、普遍性につながっていると思います。

三つのポイントのうちの一つだけ、ここに書いておきますね。それは熊五郎が虎吉と久しぶりに会って、虎吉が近所の子どもと喧嘩をしたときのことを聞く場面です。

熊五郎の自分勝手な行動で片親になってしまっている虎吉……。その虎吉が苦しんでいるときに、何もしてやれない自分の不甲斐なさ……。何も悪いことをしていないのに苦労をかけているお咲への、すまないという思い……。

「わいな、泣かんと我慢してん」

「そうか……えらい頑張ったんやな」

という熊五郎の一言で、感情の波が自分の中に押し寄せてきます。

あとの二つのポイントは、ぜひこの演目を生で聴きに来て、みなさんで感じてください。

僕の泣きどころは三つ。みなさんの『子別れ』『子は鎹』の泣きどころ、笑いどころはどこでしょうか？　探してみると、おもしろいと思います。

方正版『子別れ』を聴いてくださったとき、みなさんの泣きどころがそのときの僕の泣きポイントとシンクロできれば、噺家冥利に尽きるのですが……。

おわりに

みなさんは、寄席や落語会に足を運んだことはありますか？

「はじめに」で、落語は聴き手のイマジネーションを刺激することで成立する演芸と書きました。

さらに、もう一つ大きな特徴があります。

それは、演者と聴き手が一体となる演芸だということです。

本書では一五の根多を紹介しています。ただ、【方正のあらすじ紹介】では、肝心かなめとなるオチ、サゲを省かせてもらいました。噺の伏線が回収されて、大団円というか、落語の醍醐味、カタルシスを感じるところなのに、なぜなのか？

実際に、その演目に触れてほしかったからです。本書を読んで、少しでも心惹かれたら、

ぜひ、ＣＤやＤＶＤで演目を聴いたり、観てみてください。絶対、楽しんでもらえると思います。

そして、ぜひ……寄席や落語会に足を向けてほしいんです。

落語を一番、満喫できるのは〝生〟だと思います。僕自身、初体験のときは衝撃でした。ライブや芝居も舞台と客席が一体化する素晴らしさがありますが、落語ではもっとわかりやすい。クライマックスのサゲ、オチが決まると、その瞬間、演者と聴き手が一体化する。その気持ちよさったら、ほかにはないものがあります。

ぜひ、みなさんにも体験してほしいんです。

本書を持って、寄席や落語会に出かけてみてください！

二〇一八年五月

月亭方正

落語《らくご》は素晴《すばら》らしい

噺 家《はなしか》10年《ねん》、根多《ネタ》が教えてくれた人生《じんせい》の教《おし》え

2018年5月28日　初版発行

2024年7月29日　２刷発行

［著　　者］　月亭方正《つきていほうせい》

［発 行 人］　藤原 寛

［編 集 人］　新井 治

［構成・編集］　羽柴重文

［編集協力］　高鍋ハヤト

［デザイン］　井上則人・坂根 舞（井上則人デザイン事務所）

［撮　　影］　中川有紀子、田中庸介

［編　　集］　新井 治

［発　　行］　ヨシモトブックス

〒160-0022　東京都新宿区新宿5-18-21
TEL：03-3209-8291

［発　　売］　株式会社ワニブックス

〒150-8482　東京都渋谷区恵比寿4-4-9　えびす大黒ビル
TEL：03-5449-2711

［印刷・製本］　シナノ書籍印刷株式会社

ISBN978-4-8470-9688-4